EM PAUTA

Coletânea de artigos
publicados em *O Sul*

PAIVA NETTO

EM PAUTA

Coletânea de artigos publicados
em *O Sul*, no ano de 2007

ELEVAÇÃO

Produção editorial e revisão: *Equipe Elevação*
Impressão: *Mundial Artes Gráficas*
Fotos: *PhotoDisc*

Capa: *Alziro Braga*
Diagramação: *Helen Winkler*

Depósito legal na Biblioteca Nacional conforme
Decreto nº 1.825, de 20 de dezembro de 1907

Dados Internacionais de Catalogação na Publicação (CIP)
(Câmara Brasileira do Livro, SP, Brasil)

Paiva Netto, José de
Em Pauta : coletânea de artigos publicados em O Sul, no ano de 2007 / Paiva Netto. -- São Paulo : Elevação, 2008.

1. Artigos jornalísticos 2. O Sul (Jornal) I. Título.

08-07710 CDD-070.442

Índices para catálogo sistemático:

1. Artigos jornalísticos 070.442

ISBN 978-85-7513-127-5

Rua Doraci, 90 — Bom Retiro — São Paulo/SP — Brasil
CEP 01134-050 — Tels.: (11) 3358-6875
Fax: (11) 3358-6869

SUMÁRIO

Tratado do Novo Mandamento de Jesus

Ensinou o Cristo Ecumênico: "*Novo Mandamento vos dou: Amai-vos como Eu vos amei. Somente assim podereis ser reconhecidos como meus discípulos, se tiverdes o mesmo Amor uns pelos outros. (...) O meu Mandamento é este: que vos ameis como Eu vos tenho amado. Não há maior Amor do que doar a sua própria Vida pelos seus amigos. E vós sereis meus amigos se fizerdes o que Eu vos mando. E Eu vos mando isto: amai-vos como Eu vos amei. Já não mais vos chamo servos, porque o servo não sabe o que faz o seu senhor. Mas tenho-vos chamado amigos, porque tudo quanto aprendi com meu Pai vos tenho dado a conhecer. Não fostes vós que me escolhestes; pelo contrário, fui Eu que vos escolhi e vos designei para que vades e deis bons frutos, de modo que o vosso fruto permaneça, a fim de que tudo quanto pedirdes ao Pai em meu nome, Ele vos conceda. E isto Eu vos mando: que vos ameis como Eu vos tenho amado. (...) Porquanto, da mesma forma como o Pai me ama, Eu também vos amo. Permanecei no meu Amor*".

(Tratado do Novo Mandamento de Jesus, reunido por Paiva Netto, consoante o Evangelho do Cristo de Deus, segundo João, 13:34 e 35; 15:12 a 17 e 9.)

Respondendo Pedro e João aos sinedritas, disseram: "Não podemos deixar de falar daquilo que vimos e ouvimos. (...) Importa antes agradar a Deus que aos homens".

(Atos dos Apóstolos de Jesus, 4:19 e 20)

*"Se esta obra é de homens,
não triunfará. Mas se é de Deus, não a combatais, pois estareis combatendo o próprio Deus."*

GAMALIEL
(ATOS DOS APÓSTOLOS DE JESUS, 5:38 E 39)

PREFÁCIO

O princípio de todo veículo de comunicação, rádio, TV, jornal e hoje a internet é o de servir. Esta é, certamente, a missão principal de nosso jornal *O Sul*.

Para nossa alegria desde 2007 o caderno de colunistas conta com textos semanais assinados pelo presidente da Legião da Boa Vontade (LBV), José de Paiva Netto. Seus textos traduzem a vontade da maioria de superar esse momento dramático e incontrolável no qual aparentemente o "mal" se agigantou e nos mantém reféns. A visão ecumênica da LBV vem ao encontro de todas as manifestações que defendem a paz entre os povos. A obra dos Legionários é real, qualquer pessoa poderá conhecer seus inúmeros centros de acolhimento a crianças órfãs ou em situação de miséria, que encontram nessa Instituição um abrigo em nome do Amor e da Paz. Num país como o nosso, no qual milhões de crianças vivem abaixo da linha de miséria, sobrevivendo literalmente do lixo, as quais encontram na prostituição infantil um meio de garantir a alimentação, e constituem um inesgotável "banco" de novos "soldados do crime organizado" expostos a todas as formas de exploração, entidades organizadas e realmente idôneas merecem da sociedade respeito e acima de tudo colaboração espontânea e permanente. Temos de reconhecer e radicalizar a função precípua de qualquer órgão de comunicação social, qual seja a de servir.

Nos alerta Rui Barbosa: *"Quando praticamos uma ação boa, não sabemos se é para hoje ou para quando. O caso é que seus frutos podem ser tardios, mas são certos. Uns plantam a semente da couve para o prato de amanhã; outros, a semente de carvalho para o abrigo do futuro. Aqueles cavam para si mesmos. Esses lavram para o seu país, para a felicidade dos seus descendentes, para o benefício do gênero humano"*. Os oito objetivos do Milênio, o Protocolo de Kioto, e tantos outros alertas quanto ao futuro da Humanidade despertam em cada um de nós a responsabilidade sobre as ações deletérias do homem sobre a natureza e nos forçam a eleger uma única posição: trabalhar para minimizar os resultados da aparente irresponsabilidade de várias gerações quanto ao futuro da Humanidade. Em sua coluna no nosso jornal José de Paiva Netto, seguindo os passos do mentor da LBV, Alziro Zarur, insiste na divulgação da suprema vocação dos Homens de Boa Vontade: servir. Considerando que vivemos imersos numa sociedade competitiva e excludente, certamente nunca é demais lembrar que se realmente for de nosso interesse poderemos construir uma sociedade solidária altruística e ecumênica. Para nosso jornal *O Sul*, a presença do presidente da LBV concede ao veículo mais um elemento de convicção de que com Boa Vontade poderemos sim construir um mundo melhor, mais solidário e pacífico para nossos filhos e netos.

Dr. Otavio Gadret
Presidente da Rede Pampa

Ano-Novo!

Ano-Bom?

Domingo/segunda-feira, 31 de dezembro de 2006 e 1º de janeiro de 2007

Ano-Novo! Ano-Bom?

É costume exclamarem ao raiar de cada primeiro de janeiro: *"Ano-novo! Ano-bom!"* Não sou nenhum Catão, mas há quem o faça movido *por cosas que no se hablan...* Depois vem a ressaca. E depois do depois, quando o fígado reclama, a turma põe a culpa em Deus, no diabo e no mundo... E, azar dos que estiverem perto... Enquanto isso, cerca de um bilhão de pessoas diariamente vão dormir com fome. Daí a necessidade do Natal Permanente de Jesus, como a expansão da Fraternidade.

Ano-bom? Depende de nós! E da compreensão de que — sem a consciência de ser a Vida Espiritual uma realidade — a material poderá tornar-se um transtorno, se não soubermos de fato fazer uso acertado do livre-arbítrio, principalmente na Democracia, que é o regime da responsabilidade.

Orar é amar e agir

A Prece não é o refúgio dos covardes nem dos ociosos. Ela nos eleva, o trabalho nos realiza. O Papa reza, o

Dalai-Lama

Dalai-Lama medita, Chico Xavier orava, os rabinos entoam suas súplicas, os evangélicos cantam seus louvores a Deus, os islâmicos recitam o Corão Sagrado... O que é a Prece senão o Amor que se dispõe para grandes feitos? Um irmão ateu, quando medita e pratica um ato que beneficia a coletividade, está orando. Em *Crônicas e Entrevistas*, escrevi que orar e meditar se assemelham. Rezar não é uma ação simplesmente figurativa. É o mais forte instrumental que a essência humana, o Capital Divino, possui. O monge alemão Tomás de Kempis (1380-1471) grafou, em *Imitação de Cristo: "Sublime é a arte de conversar com Deus"*.

Chico Xavier

Tomás de Kempis

Para evitar o vômito das nações

Nestes tempos de mundialização, em que muitas fronteiras caem preferentemente sobre as cabeças das populações mais pobres, o povo procura um rumo seguro para a existência, regida por forças discrepantes. Nem sempre é o melhor de todos o destino que lhe oferecem. E a História se repete no somatório de enganos que podem desembocar num movimento incontrolável de massas. As nações também vomitam.

Buscam, então, alento para suas dores na violência ou no Invisível. No entanto, como diversos se acostumaram a uma visão restritiva do Poder Espiritual, muita vez erguem sua prece a um deus antropomórfico, que não lhes responde, pois nem existe. E aí se frustram.

Orar fortalece

Ao deitar-me, no amanhecer de um 1º de janeiro longínquo, data aniversária da LBV, elevei uma oração a Deus, na esperança filial de merecer Sua piedosa atenção. Lembrei-me, naquele momento, do grande esforço empreendido por Alziro Zarur (1914-1979) pela vitória da Boa Vontade, do bom senso de Melanchton (1497-1560) e do notável pontificado de João XXIII (1881-1963). Ao elevar minha alma ao Pai Celeste, senti Sua compassiva influência vibrando em meu Espírito. E não há nesta afirmativa qualquer jactância, porque Jesus ensina que *"o Reino de Deus está dentro de nós"*.

Alziro Zarur
Arquivo BV

Melanchton
Arquivo BV

João XXIII
Arquivo BV

A Prece

Ó Deus, que sois o meu refúgio, a Vós, outra vez, ergo o meu pensamento e encontro resposta aos meus propósitos.

Longe de mim as cassandras do desânimo, que proclamam um Juízo Final sem remissão, quando sois Vós — em tudo — o Princípio Eterno da permanência pujante de vida. De Vós não escuto o abismo; todavia, a redenção.

Creio no Amor Universal, que conduz à sobrevivência o gênero humano, que é teimoso em subsistir, apesar das muitas ciladas que lhe são dispostas no caminho.

Esta é a minha Fé Realizante, que vive em Paz com as outras; o meu ideal ecumênico de Boa Vontade, que se esforça pela confraternização de todas as nações, por serem formadas por criaturas Vossas, ó Criador Único de Céus e Terra! Sois a Fraternidade Suprema, o abrigo dos corações. (...) Achei-me a mim porque me identifiquei no Vosso Amor. Sois o auxílio conclusivo à minha Alma.

Sinto o meu ser transbordar de alegria. Em Vosso Espírito, reconheço-me como irmão dos meus irmãos em humanidade. Nesse Éden, que é o Vosso Sublime Afeto, não me vejo como expatriado, abatido pelas procelas do desalento. Enfim, me encontrei, ó Deus!, porque Vos encontrei.

(...) No Vosso Divino Seio, achei guarida; sob Vosso Amor, meu seguro teto; no Vosso Colo, descanso para a Alma.

Graças Vos dou, Pai Magnânimo, por me ouvirdes!

Sois integralmente Amor; porquanto, Caridade, Mãe e Pai da verdadeira Justiça.

Em Vós habita, com fartura, a genialidade pela qual tantos demandam, pois dela o Planeta carece: a Vossa Majestosa Luz, que desce a nós indistintamente, mesmo que não o percebamos.

Confiante em Vosso Critério Sobrenatural, entrego-Vos meu destino, porque a minha segurança de filho está na Vossa Sabedoria de Pai!

Que assim seja!

Fé e espírito democrático

Nada melhor que falar com Deus. Quem não sofre ou padece da privação de alguma coisa que as satisfações terrenas mais sofisticadas não suprem a falta? Busquemos na Fé a Esperança para nossa sustentação física, mental e espiritual. Que Fé?! Escolha a sua. O espírito democrático deve também imperar no campo religioso.

Que o Ano-novo seja um ano-bom, realmente. Contudo, isso depende de nós. Todos nós.

Nada melhor que falar com Deus. Quem não sofre ou padece da privação de alguma coisa que as satisfações terrenas mais sofisticadas não suprem a falta?

Gabriela Mistral

Gabriela Mistral, Renan e Eça de Queiroz

Segunda-feira, 15 de janeiro de 2007

Gabriela Mistral, Renan e Eça de Queiroz

A brilhante pensadora chilena Gabriela Mistral (1889-1957) compreendeu com clareza a excelente virtude de **servir**. No último dia 10, completaram-se 50 anos da morte dessa mulher notável. A revista *Boa Vontade* prestou-lhe merecida homenagem. Em 1945, conquistou o Prêmio Nobel de Literatura. Soube em suas produções retratar o Amor Fraterno:

"Toda a natureza é um anelo de serviço. (...) O servir não é próprio de seres inferiores. Deus, que nos dá o fruto e a luz, serve. Poderia chamar-se: O Servidor".

Construção de um povo

Arquivo BV

Ernest Renan

Ernest Renan (1823-1892), autor de *Vida de Jesus* (1863), em 11 de março de 1882, na Sorbonne, nos descreve a qualidade do **servir** que edifica pátrias ditosas:

"Uma nação é uma alma, um princípio espiritual (...). A nação, como o indivíduo, é o desfecho de um longo passado de esforços, de sacrifícios e de dedicações (...). Ter glórias comuns no passado, uma vontade comum no presente; ter feito grandes coisas juntas, ainda querer fazê-las, eis aí as condições essenciais para ser um povo. Ama-se em proporção dos sacrifícios em que se consentiu, dos males que se sofreram".

A mensagem política do Suave Milagre

Arquivo BV

Eça de Queiroz

José Maria Eça de Queiroz (1845-1900) é por muitos aplaudido como o maior romancista português. O autor de *A Ilustre Casa de Ramires*, crítico mordaz da sociedade de seu tempo, escreveu uma das mais comoventes páginas da literatura mundial. Contudo, poucos alcançaram a sua mensagem política.

Numa hora de tanta materialidade, em que o Ser Humano, sufocado pela violência, começa a procurar acentuadamente no Amparo Divino socorro para os seus desesperos particulares e coletivos, só lhe pode fazer bem, enquanto pacientemente aguarda pelas soluções terrenas, a recordação da súplica de um pequenino atendida por um dos maiores símbolos de Solidariedade de que se tem notícia:

"Nesse tempo Jesus ainda não saíra da Galiléia, das margens do lago de Genesaré; mas a nova dos Seus milagres chegara já a Siquém, cidade rica, entre vinhedos, no país de Samaria. Ora, junto a Siquém, num casebre, vivia uma viúva desgraçada entre todas, que tinha um filho doente com as febres. O chão miserável não estava caiado, nem nele havia enxerga. Na lâmpada de barro vermelho secara o azeite. O grão faltava na arca, o ruído dormente do moinho doméstico cessara, e esta era em Israel a evidência cruel de infinita miséria. A pobre mãe, sentada a um canto, chorava. E, estendida sobre os joelhos, embrulhada em farrapos, pálida e tremendo, a criança pedia-lhe, numa voz débil como um suspiro, que lhe fosse chamar esse Rabi da Galiléia, de quem ouvira falar junto ao poço de Jacó, que amava as crianças, que nutria as multidões e curava todos os males humanos com a carícia das Suas mãos. E a mãe dizia, chorando:

— Como queres tu, meu filho, que eu te deixe e vá procurar o Rabi da Galiléia? Obed é rico e tem servos, eu os vi passar, e embalde buscaram Jesus por arraiais e cidades, desde Corazim até o país de Moab. Septimus é forte, tem soldados, e também os vi passar, e perguntavam por Jesus sem O acharem, desde o Hebron até o mar. Como queres tu que eu te deixe? Jesus está longe, e nossa dor está conosco. E sem dúvida o Rabi, que lê nas Sinagogas novas, não escuta as queixas de uma mãe de Samaria, que só sabe ir orar, como outrora, no alto do monte Garizim.

A criança, com os olhos cerrados, pálida e como morta, murmurou o nome de Jesus, e a mãe, chorando, continuou:

— De que servirá, meu filho, partir e ir procurá-Lo? Longas são as estradas da Síria, curta é a piedade dos homens. Vendo-me tão pobre e tão só, os cães viriam ladrar-me à porta dos casais. Decerto Jesus morreu e com Ele morreu, uma vez mais, toda a esperança dos tristes.

Pálida e desfalecida, a criança murmurou de novo:

— Mamãe, eu queria ver Jesus da Galiléia!

E logo, abrindo devagar a porta, Jesus, sorrindo, disse-lhe: 'Aqui estou!'"

"O Suave Milagre" saiu pela primeira vez na *Revista Moderna*, em 1898. Seu recado, porém, continua atual.

Ele fez a Sua parte

Mesmo estando longe, Jesus veio e realizou o Seu compromisso para servir ao apelo de uma criança. Hoje, não há mais distâncias. Todavia, que tem sido este Planeta senão um menino enfermo por séculos de beligerância? É preciso chegar junto à alma esquecida dos povos. Paz pela internet, que em parte é o sistema nervoso alterado da sociedade tecnológica.

Betinho e Emerson

Divulgação

Betinho

Disse o saudoso Betinho (1935-1997): *"Não posso ser feliz diante da miséria humana. O fim da miséria não é uma utopia".*

E, para realizarmos a utopia, apelido do que conquistaremos amanhã, é urgente entender como realidade pragmática esta reflexão de Ralph Emerson (1803-1882): *"Os corações generosos irradiam constantemente as forças misteriosas que, sem cessar, provocam grandes acontecimentos"*.

Arquivo BV

Ralph Emerson

Como término, esta assertiva de Jesus: *"Tudo é possível àquele que crê"* (Evangelho, segundo Marcos, 9:23).

E é mesmo! Que o digam os que souberam perseverar até o fim.

"Tudo é possível àquele que crê."

Evangelho de Jesus, segundo Marcos, 9:23

Arquivo BV

Photos.com

RELIGIÃO NÃO RIMA COM INTOLERÂNCIA

Segunda-feira, 29 de janeiro de 2007

Religião não rima com intolerância

Em 21 de janeiro, celebrou-se o Dia Mundial da Religião. Na *Folha de S.Paulo*, década de 1980, argüido

Arquivo BV

por um leitor, ponderei que não vejo Religião como ringues de luta livre, nos quais as muitas crenças se violentam no ataque ou na defesa de princípios, ou de Deus, que é Amor e que, por isso, não pode aprovar manifestações de ódio em Seu Santo Nome nem precisa da defesa raivosa de quem quer que seja. Alziro Zarur (1914-1979) dizia que *"o maior criminoso do mundo é aquele que prega o ódio em nome de Deus"*.

Compreendo Religião como Solidariedade, respeito à Vida, iluminação do Espírito, que todos somos. Só posso entendê-la como algo dinâmico, vivo, pragmático, altruisticamente realizador, que abre caminhos de luz nas almas e que, por essa razão, deve estar na vanguarda ética. Não a entenderia, se não atuasse também de modo sensato na transformação das realidades tristes que ainda atormentam os povos. Esses, cada vez mais, andam necessitados de Deus, que é antídoto para os males espirituais e morais, por conseqüência os sociais, incluídos o imobilismo, o sectarismo e a intolerância degeneradores, que obscurecem o Espírito das multidões. (...) E, de maneira alguma, deve-se excluir os ateus de qualquer providência que venha beneficiar o mundo.

Religião é para tornar o Ser Humano melhor, integrando-o no seu Criador, pelo exercício da Fraternidade e da Justiça entre as Suas criaturas. Com apurado senso de oportunidade, preconiza o Profeta Maomé, no Corão Sagrado: *"Cremos no que nos foi revelado e no que vos foi revelado. Nosso Deus e vosso Deus é o mesmo. A Ele nos submetemos"*.

Deus, Sabedoria e Entendimento

O Pai Celestial é fonte inesgotável de sabedoria e entendimento, quando não analisado sob forma estereotipada ou caricaturada. Vêm-me à lembrança estas palavras de Santa Teresa d'Ávila (1515-1582): *"Procuremos sempre olhar as virtudes e as coisas boas que virmos nos outros e tapar-lhes os defeitos com os nossos grandes pecados"*.

Arquivo BV

Teresa d'Ávila

Tudo evolui. Ontem se afirmava que a Terra seria o centro do Universo. Por que então as crenças teriam de parar

Voltaire

no tempo? Pelo contrário, Religião, quando sinônimo de misericórdia, tem de iluminar harmoniosamente os demais extratos do pensamento. Bem a propósito, esta meditação do nada menos que cético Voltaire (1694-1778): *"A tolerância é tão necessária na política como na religião. Só o orgulho é intolerante"*. (...)

Para amainar a frieza de coração

Cabe ainda recordar esta máxima abrangente de Zarur: *"Religião, Filosofia, Ciência e Política são quatro aspectos da mesma Verdade, que é Deus"*.

Ora, querer conservar esses ramos do saber universal confinados em departamentos estanques, ou em preconceituoso conflito, tem sido a origem de muitos males que nos afligem, em especial tratando-se de Religião, entendida no mais alto sentido. É principalmente de sua área que deve provir o espírito solidário, que, se às demais faltando, resulta na frieza de sentimentos a qual vem caracterizando as relações humanas, mormente nestes últimos tempos.

Educação com Espiritualidade Ecumênica

A ausência de Fraternidade tem suscitado grande defasagem entre progresso material e amadurecimento moral e espiritual. Mas é sempre hora de aplacar ressentimen-

Arquivo BV

Gandhi

tos. Entretanto, não haverá Paz enquanto persistirem cruéis discriminações e desníveis sociais criminosos, provocados pela ganância, que, por meio de eficiente educação com Espiritualidade Ecumênica, devemos combater. Se não optarmos por caminhos semelhantes, estaremos sentenciados à realidade denunciada pelo Gandhi (1869-1948): *"Olho por olho, e a Humanidade acabará cega"*.

Sempre um bom termo pode surgir quando os indivíduos nele lealmente se empenham. E isso tem feito que a civilização, pelo menos o que temos visto por aí como tal, milagrosamente sobreviva aos seus piores tempos de loucura. A sabedoria do Talmud dá o seu recado prático: *"A Paz é para o mundo o que o fermento é para a massa"*. Exato.

Há quem prefira referir-se ao espírito religioso, exaltando desvios patológicos ocorridos no transcorrer dos milênios. (De modo algum incluo nestes comentários os historiadores e analistas de bom senso.) Creio que essa conduta beligerante, que manchou de sangue a História, deva ser distanciada de nossos corações, por força de atos justos, porquanto maiores são as razões que nos devem confraternizar do que as que servem para acirrar rancores. O ódio é arma voltada contra o peito de quem odeia. Muito oportuna, então, esta advertência do pastor Martin Luther King (1929-1968), que não

Arquivo BV

Martin Luther King

negou a própria vida aos ideais que defendeu: *"Aprendemos a voar como os pássaros e a nadar como os peixes, mas não a arte de conviver como irmãos"*.

O milagre que Deus espera dos Seres Humanos é que aprendam a amar-se, para que não ensandeçam de vez, como na pesquisa para o uso bélico da antimatéria.

O melhor altar para a veneração do Criador são Suas criaturas. Torna-se urgente que a Humanidade tenha humanidade.

> *"O maior criminoso do mundo é aquele que prega o ódio em nome de Deus."*
>
> Alziro Zarur

Caro Anatole

Segunda-feira, 12 de fevereiro de 2007

Caro Anatole

O velho Anatole France (1844-1924) foi um crítico implacável dos costumes e da sociedade do seu tempo. Combatia com tenacidade os desmandos de que era testemunha, como a farsa contra o capitão Alfred Dreyfus (1859-1935). De origem judaica, o militar francês tornou-se vítima de um dos maiores erros judiciais da história moderna. Ele foi, de maneira pérfida, acusado de passar informações secretas aos germânicos, as quais tinham caligrafia forçadamente semelhante à sua. Por esse motivo, foi exilado na Ilha do Diabo, situada na costa da Guiana Francesa. Os debates a respeito do caso arrastaram-se até o capitão ser totalmente inocentado, em 1906. Logo após, retornou ao exército, participando da Primeira Guerra Mundial. Foi promovido, em 1918, a tenente-coronel da reserva e, um ano de-

Arquivo BV

Alfred Dreyfus

Arquivo BV

Anatole France

Émile Zola

Arquivo BV

pois, eleito oficial da Legião de Honra. A exemplo de Rui Barbosa (1849-1923), Émile Zola (1840-1902) foi igualmente um defensor extremado de Dreyfus.

Rui Barbosa

Arquivo BV

Consciências dedicadas à Paz

Estomagado com a frieza de sentimentos que percebia à sua volta, partindo de corações nos quais deveria habitar a concórdia, Anatole escreveu que *"a paz universal se realizará um dia, não porque os homens se tornarão melhores (não é permitido esperá-lo), mas porque uma nova ordem de coisas, uma ciência nova, novas necessidades econômicas hão de impor-lhes o estado pacífico, assim como outrora as próprias condições da sua existência os punham e os mantinham no estado de guerra"*.

Meu caro Jacques-Anatole-François Thibault (seu verdadeiro nome), com a sua consistente formação humanista — afastados, por sua conhecida veia poética, os desgostos que lhe causaram as observações de uma sociedade a gravitar em torno de uma exasperante egolatria —, seu brilhante espírito imortal haverá de entender que, para não se transformar em tormento perene dos povos, o mundo precisa de consciências dedicadas à Paz. Portanto, de almas iluminadas pela razão, pela justiça, mas também pelo

Amor, que é sinônimo de Caridade, de modo que exista uma *"nova ordem de coisas, numa ciência nova"*, para que *"a Paz Universal"* venha a se realizar *"um dia"*. A análise limitada dos fatos humanos, políticos e sociais pela restrita visão de espaço-tempo terrenos tende a mostrar, mesmo às mais sagazes cerebrações, uma perspectiva sociológica desfocada, conseqüentemente desalentadora, dos fatos. Há algo mais, porém, a começar pela existência de uma lei universal, chamada de causa e efeito, que dirige os destinos da Terra. Por isso, faz-se tão importante a compreensão desses estatutos divinos, os quais, respeitando o nosso direito ao livre-arbítrio, concedem a cada um de acordo com o próprio merecimento, segundo a Lei da Reencarnação — definida por um respeitado sacerdote como o Judiciário de Deus. Sem a evolução do sentimento humano, toda e qualquer proposta de Paz fomentará, com certeza, o ceticismo de homens inteligentes como você.

Não temer o lobo

William Ralph Inge (1860-1954) declarou que *"não adianta os cordeiros proclamarem o vegetarianismo enquanto o lobo mantém opinião diversa"*. No entanto, não podemos prosseguir continuamente temendo essa expectativa castradora de nossas iniciativas, porque o tempo urge. Ainda existe muita gente a querer tocar fogo

Arquivo BV

William Inge

Nero

no Planeta, tal qual novo Nero (37-68). Para avançar, é preciso não temer o lobo, mas revestir-se das armas da paciência e da determinação e fortalecer, nas horas de perigo, a Alma, como, por exemplo, nesta súplica de Santo Agostinho (354-430): *"Ó Deus! Permiti que o resplendor da Vossa Luminosidade clareie os recônditos do meu coração"* (...). Orar concede tranqüilidade e força ao Espírito. Dessa forma,

Santo Agostinho

Honoré de Balzac

aclara a mente, de modo que conceba processos pragmáticos para que suplante toda dificuldade. Anote, por favor, caro Anatole, esta lição do seu compatriota Honoré de Balzac (1799-1850), autor de *A Comédia Humana: "Todo poder é um composto de paciência e tempo"*. A Paz só vigorará neste Planeta quando o Ser Humano finalmente entender e aceitar que ela apenas poderá surgir do coração sublimado das criaturas. O restante é o que se tem visto: ideologias fortemente cerebrais, tão em voga no seu tempo, cuja conseqüência geral você conhece: muita expectativa e resultado a desejar. É, portanto, urgente unir cérebro e coração.

Agradecimento

Aproveito a oportunidade para agradecer, com satisfação, aos leitores que me têm honrado com seus comentários e incentivo, tais como a radialista e também colunista de *O Sul* Beatriz Fagundes; e mais: Dalva Costa de Jesus, Moisés Azevedo, Célia Maria, Vera Conceição Couto, Elói Fioravante Goulart, Thadeu Guimarães Carpes (da UERGS — Universidade Estadual do Rio Grande do Sul), Ana Paula Alves Campos, Diego Linhares Tavares, Dielca Magali Silva, Nadia Tcharduck, Vera Carpes.

A Paz só vigorará neste Planeta quando o Ser Humano finalmente entender e aceitar que ela apenas poderá surgir do coração sublimado das criaturas. O restante é o que se tem visto: ideologias fortemente cerebrais, tão em voga no seu tempo, caro Anatole, cuja conseqüência geral você conhece: muita expectativa e resultado a desejar.

O EQUILÍBRIO COMO OBJETIVO

Segunda-feira, 26 de fevereiro de 2007

O EQUILÍBRIO COMO OBJETIVO

O sentido lato de cidadania

O amadurecimento crescente de um povo, que está descobrindo os seus direitos de cidadão, ainda que tardiamente, porquanto 217 anos após a Revolução Francesa, o fará finalmente concluir que nenhum país pode, na verdade, desenvolver seus talentos se continuar subsistindo como uma vasta senzala de senhores e escravos, ou fechar-se feito uma ostra xenófoba ou abrir-se de forma temerária, a ponto de perder sua identidade, sua soberania. A compreensão das massas ir-se-á maturando até que entendam o valor da cidadania, no sentido lato, pois não é suficiente considerar o cidadão apenas no seu contexto físico, mas também no **espiritual**, pois qualquer componente dos grupos humanos é, em resumo, constituído por corpo e **Alma**. Afinal somos na origem Espírito. Eis o significado completo de cidadania, que não pode admitir tão-só o analfabetismo das letras humanas, como igualmente a ignorância dos assuntos espirituais.

O desconhecimento dessa realidade sobre a qual acabamos de discorrer favorece a incrementação das ações causadoras da fome, do desemprego, do sectarismo, do frio ideal individualista, isto é, ególatra, a promoção do escárnio com os que sofrem na sociedade, porque riqueza e pobreza situam-se dentro do Ser Humano. Exteriorizá-las, ou não, depende da mentalidade e de fatores culturais (no futuro, marcadamente espirituais), que precisam ser exercitados. Essa é uma situação que não afeta unicamente o Brasil, é mundial: durante gerações foi-se oferecendo à grande parte das crianças e dos jovens pouco mais que lixo. Depois, há quem se surpreenda com o resultado obtido por tão funesta sementeira, a cultura do crime, que se compraz no conflito entre povos, ou mesmo no seio das famílias, verdadeiras guerras civis não declaradas, da qual a mocidade é a principal vítima (Apocalipse, 8:7), a causar outras tantas em todas as classes. *"Primeira Trombeta — O primeiro anjo tocou a trombeta, e houve saraiva e fogo de mistura com sangue, e foram atirados à terra. Foi, então, queimada a terça parte da terra, e das árvores, e também toda grama verde (a infância e a mocidade)."*

Não basta levantar o vidro do carro. É suicídio desviar a atenção dos fatos.

Estamos corpo, mas somos Espírito

Urge, com presteza, mudar a mentalidade que entroniza o delito como exemplo, a exploração como meta, a apatia diante do erro como "boa" acomodação da existência, para que alcancemos uma ordem social justa, produto da ação decisiva de comunidades eficazes, fraternalmente combativas, e de um governo, seja qual for, que tenha decididamente como objetivo fazer progredir a população de seu país, antes que grande parte dela se fine, ou seja, quase isso, pela subnutrição física ou mental, pela desesperança que lhe aponta, muitas vezes como solução, a violência. Entretanto, sob qualquer pretexto, jamais devemos abrir mão do auxílio magnânimo dos amigos do Etéreo Supremo, daí a Revolução Mundial dos Espíritos de Luz, os quais apropriadamente chamamos de Anjos Guardiães. Aliás, na verdade, concreto é o Espírito, não querendo afirmar que o corpo, sua vestimenta, deva ser criminosamente desprezado. Ensinam os mais velhos que *"saco vazio não se põe de pé"*. Tenhamos, pois, o equilíbrio como objetivo. Contudo, a Alma não pode ser, de maneira alguma, menosprezada, porquanto, para argumentar, podemos dizer — estamos corpo, mas somos Espírito. A nação que compreender e administrar essa verdade empolgará e governará o mundo. A própria Ciência o proclamará. Depois de Einstein (1879-1955), onde se escondeu a matéria?

Arquivo BV
Einstein

O outro lado da moeda

O outro lado da moeda não é nada apreciável: o clamor do desespero acumulado durante séculos, pronto a explo-

Arquivo BV

Bonaparte

dir. Não é sem propósito esta meditação de Bonaparte (1769-1821): *"Cada hora perdida na juventude é uma possibilidade de infortúnio na idade adulta"*.

Ora, isto também se aplica às nações que nascem, crescem, tornam-se maduras, quando colherão o que houver plantado nas fases anteriores, se não souberem, mais que honrá-lo, sublimar seu patrimônio humano, social e espiritual. Eis o desafio a ser vencido no campo da educação: o de aliar à instrução a Espiritualidade. Tenho plena certeza de que o Evangelho e o Apocalipse, longe de abomináveis fanatismos, proporcionam uma estrutura ética, psíquica e espiritual para que ocorra essa transmudação, cuja hora é chegada, mais que isso, urgentíssima.

O mundo físico não mais evoluirá sem o auxílio flagrante do Mundo Espiritual. Eis o grande ensinamento que as nações aprenderão no transcurso do Terceiro Milênio.

A Mulher no conSerto das Nações

Segunda-feira, 12 de março de 2007

A Mulher no conSerto das nações

Prezados leitoras e leitores, antes de tudo devo esclarecer-lhes sobre a palavra conSerto grafada com "**s**" no título deste artigo. Não se trata de erro ou distração: é conSerto mesmo, porquanto, da forma que se encontra o mundo a pré-abrasar-se com o aquecimento global, é melhor que os sexos confraternizem, unam forças e realizem o conSerto urgente, porque, do contrário, poderemos acabar cozidos numa panela fenomenal: o Planeta que habitamos.

Feita a observação, peço-lhes licença para justa homenagem às mulheres de todos os segmentos da sociedade, àquelas que são a base das nações, quando integradas em Deus e/ou nos mais elevados sentimentos que honram a raça humana, apresentando-lhes texto que enviei e foi traduzido pela ONU em seus seis idiomas oficiais, por ocasião da "51ª Sessão do *Status* da Mulher", ocorrida de 26 de fevereiro a 9 de março, na sede das Nações Unidas, em Nova York, EUA.

"Pão e rosas"

A luta pela emancipação da mulher é antiga. Já nos tempos clássicos da Grécia, esse espírito libertário procurava, sob certo aspecto, o seu caminho nos esforços e dificuldades de *Lisístrata*, com sua greve do sexo, na qual moveu mulheres de Atenas e de Esparta, para deter a Guerra do Peloponeso, segundo a comédia de Aristófanes.

Arquivo BV

Aristófanes

Em 1857, centenas de operárias das fábricas têxteis e de vestuário de Nova York iniciaram um forte protesto contra os baixos salários, jornada de mais de 12 horas e péssimas condições de trabalho. Em 1908, mais de 14 mil delas voltaram às ruas nova-iorquinas. Sob o *slogan* "pão e rosas" — *"tendo o pão como símbolo da estabilidade econômica e as rosas representando uma melhor qualidade de vida"* —, pleiteavam idênticos direitos aos reivindicados pelas trabalhadoras da década de 50 do século 19. Aproximadamente 130 delas faleceram durante misterioso incêndio. Mas não ficou só nisso a luta. Três anos depois, também naquela cidade, ocorreu outro trágico acontecimento provocado pelas infernais condições de segurança na Triangle Shirtwaist Company. Em 25 de março de 1911, mais de 140 tecelãs e tecelões, de maioria italiana e judia, morreram calcinados (21 eram homens). Os fatos foram, em sua dramaticidade, registrados: criaturas em desespero jogando-se das janelas do prédio em chamas. As manifestações ocorridas na metrópole cosmopolita alinham-se entre os principais degraus para a emancipação da mulher, bem como os esforços de tantas outras, a exemplo da alemã Clara Zetkin (1857-1933), uma

Arquivo BV

Clara Zetkin (E), ao lado de Rosa Luxemburgo, duas grandes figuras femininas da Humanidade.

Fotos: Arquivo BV

1

2

3

(1) Imagem da devastação causada pelo incêndio na Triangle Shirtwaist Company, em 1911, na cidade de Nova York.

(2) Instalações da fábrica antes do incidente. Os trabalhadores eram obrigados a cumprir mais de 12 horas de jornada diária e recebiam baixos salários.

(3) Fachada do edifício da Triangle Shirtwaist Company durante o trabalho de combate ao incêndio que se alastrou por suas instalações. Na tragédia, mais de 140 operárias e operários (entre 13 e 23 anos) morreram em virtude das péssimas condições de segurança.

Helen Keller visita o Instituto Benjamin Constant, do Rio de Janeiro, por ocasião de sua estada no Brasil, em 1953.

das mais famosas ativistas pelos direitos femininos, que, em 1910, durante o II Congresso Internacional de Mulheres Socialistas, propôs a criação do **Dia Internacional da Mulher**.

A atitude corajosa delas encontra-se perfeitamente enquadrada nesta exclamação da inesquecível Helen Keller (1880-1968): *"A vida é uma aventura ousada ou nada!"*

É palmar que a famosa ativista social se refere à audácia que impulsiona os vanguardeiros a rever costumes e conceitos ultrapassados, que retardam a evolução das criaturas e dos povos (sobretudo no campo imprescindível do conhecimento espiritual). Ela própria é um modelo constante dessa premissa. Cega, surda e muda, em decorrência de uma doença manifestada aos 18 meses, rompeu barreiras, tornando-se uma das mulheres mais respeitadas da História.

A Alma da Humanidade

O papel da Mulher é tão importante, que, mesmo com todas as obstruções da cultura machista, nenhuma organização que queira sobreviver — seja ela religiosa, política, filosófica, científica, empresarial ou familiar — pode abrir mão de seu apoio. Ora, a Mulher, bafejada pelo Sopro Divino, é a Alma de tudo, é a Alma da Humanidade, é a boa raiz, a base das civilizações. Ai de nós, os homens, se não fossem as mulheres esclarecidas, inspiradas, iluminadas!

Arquivo BV
Charles McIver

Estas nossas afirmativas encontram ressonância nas do educador norte-americano Charles McIver (1860-1906) que dizia: *"O caminho mais econômico, fácil e certo para a educação universal é educar as mulheres, aquelas que se tornarão as mães e professoras de gerações futuras"*.

Verdade seja dita, homem algum pouco realiza de verdadeiramente proveitoso em favor da Paz se não contar, de uma forma ou de outra, com a inspiração feminina. Realmente, pois, *"se você educar um homem, educa um indivíduo; mas se educar uma mulher, educa uma família"*. Exato, McIver.

Arquivo BV
Goethe

Apropriada também a assertiva do velho Goethe (1749-1832): *"O homem digno irá longe guiado pelas boas palavras de uma mulher sábia"*.

Às mulheres do Brasil e do mundo, a nossa saudação pela data especial: 8 de março. Todo dia, porém, é dia da mulher, cujo exemplo de coragem encontramos no Evangelho do Cristo, segundo João, 19:25, que relata o apoio por Ele recebido, na derradei-

Arquivo BV

Virgem Maria

ra hora: *"E diante da cruz estavam a mãe de Jesus, a irmã dela e também Maria Madalena, e Maria, mulher de Clopas"*. Essas heroínas, no instante supremo da dor, não O abandonaram, permanecendo ao Seu lado, num inaudito sinal de bravura. Nenhuma ação humana pode, decisivamente, progredir sem o auxílio, reservado ou público, das mulheres. A História está repleta de comprovações.

Nenhuma ação humana pode, decisivamente, progredir sem o auxílio, reservado ou público, das mulheres. A História está repleta de comprovações.

Responsabilidade global, ONU e LBV

Responsabilidade global, ONU e LBV

Divulgação

Breno Outeiral

Porto Alegre hoje completa 235 anos. Nada melhor que relembrar dois versos do hino em sua homenagem, de autoria de Breno Outeiral (1918-1991), que bem expressam o sentimento gaúcho: *"(...) És a jóia mais preciosa/ Do meu Rio Grande do Sul"*. Realmente, coronel Breno, quem a conhece deixa aqui o

Ricardo Stricher

Vista parcial do Parque da Redenção, em Porto Alegre/RS.

seu coração, como o meu foi conquistado há muito tempo. E, graças à generosidade do seu povo, por proposta do vereador Luiz Braz, recebi em 1986 o Título de Cidadão Emérito. Posso dizer que a adotei como minha cidade.

Innovation Fair — E por querer o progresso desta terra, bem como o de todo o nosso país, é que promovemos o I Fórum-Feira de Inovações Rede Sociedade Solidária — ONU e LBV. A revista *Boa Vontade* preparou resumo das atividades.

"Lançada em Porto Alegre no último dia 13, a iniciativa obteve a adesão de representantes de entidades de classe, universidades, movimentos religiosos e de juventude, fundações, órgãos públicos e organismos internacionais. O evento recebe suporte das Nações Unidas, Seção NGO do Ecosoc, com a coordenação do UN/DESA e apoio do Centro de Informação da ONU no Brasil (UNIC-Rio). Realizou-se em Brasília, São Paulo, Rio de Janeiro e, nos *workshops* regionais, em Belo Horizonte, Aracaju, Santos e em Buenos Aires/Argentina.

Alziro Braga

Hanifa Mezoui

"Esta ação foi considerada pioneira pela sra. Hanifa Mezoui, alta comissária do Conselho Econômico e Social da ONU (Ecosoc), autoridade máxima para as entidades da sociedade civil dentro da Organização. *'Quero congratular-me ainda mais com vocês porque estão fazendo do Brasil o primeiro país a promover a* Innovation Fair *(Feira de Inovações) com abrangência nacio-*

Depois de a representante da ONU Michele Billant-Fedoroff (E) ter conhecido o Lar e Parque da LBV, em Glorinha/RS, o dirigente da Legião da Boa Vontade, Paiva Netto, a recebeu ao som do Hino Nacional da França, o que a deixou muito emocionada. O anfitrião conversou com a ilustre visitante na língua materna dela (francês).

nal. (...) Desejo levar o resultado desse trabalho para a AMR Innovation Fair, *que o Ecosoc promoverá em julho, durante a Reunião do Alto Segmento das Nações Unidas, em Genebra, e mostrar aos chefes de Estado, conselhos ministeriais e demais participantes. Eles desejam ver o que tem sido feito em âmbito internacional. E aqui está a LBV, com* status *consultivo geral desde 1999, conquistando seu lugar e trazendo tudo isto.'*

"Na capital federal, o encontro ocorreu no ParlaMundi da LBV, superlotando o auditório Austregésilo de Athayde. Foi destaque em rede nacional pelo *A Voz do Brasil* e internacional pela Rádio ONU (de Nova York/EUA), além da *Folha Online*, *Correio Braziliense*, *O Globo On-line*, *Jornal do Brasil*, *O Dia* e outras importantes mídias. Dentre as muitas autoridades presentes, estavam a dra. Michele Billant-Fedoroff (Departamento de Assuntos Socioeconômicos das Nações Unidas); o governo brasileiro e representações de ministérios, do Senado Federal, da Câmara dos Deputados e do Executivo; a primeira-dama do Distrito Federal, a sra. Marianne Vicenthini Arruda; os senadores Sérgio Zambiasi e Mozarildo Cavalcanti; e o deputado federal Beto Albuquerque. A dra. Michele explicou que, há dois anos, uma reunião da Cúpula Mundial das Nações Unidas em NY apontou o grave impasse que se avizinha se não houver um esforço para a implementação dos Oito Objetivos do Milênio, concluindo que somente os atingiria com a ajuda da sociedade civil: *'As práticas regionais, como esta organizada pela Legião da Boa Vontade, identificarão as políticas bem-sucedidas que farão parte do repertório de boas práticas na implementação das Metas do Milênio'*. Em entrevista à mídia, destacou: *'A LBV tem feito um trabalho tremendo e quero agradecer por ter participado de um evento dessa envergadura'*.

"Da mesma forma, enalteceu o senador Mozarildo Cavalcanti durante o *Jornal do Senado*, distribuído pela Radiobrás: *'Essa inclusão traz para a América Latina os olhos das Nações Unidas. A ONU tem hoje na LBV uma parceira prioritária, primordial, nesse combate à pobreza'*. E completou: *'A LBV é precursora na área do Terceiro Setor, é campeã nisso'*. O senador Sérgio Zambiasi comentou: *'Precisamos que grandes instituições com credibilidade, como é o caso da LBV, assumam essa liderança e proponham o uso destes meios modernos para que os braços da Solidariedade possam cobrir os espaços que estão descobertos, chegando à população mais sofrida. A LBV é a casa de todos nós, é democrática, cristã, ampla, que nos oferece este grande horizonte de Solidariedade'*. Para o deputado Beto Albuquerque, é o momento de alçar novos vôos: *'Está na hora de globalizar a Solidariedade, a preocupação com o outro. A experiência de muitos anos da LBV mostra que é possível todos nós — cada um do seu jeito, modo, crença — fazermos alguma coisa'"*.

A dra. Michele visitou também o Rio Grande do Sul, na sexta-feira (23), e ficou encantada com o Estado, especialmente com o atendimento à infância e juventude que pôde verificar no Lar e Parque da LBV, em Glorinha.

Grato a todos. Esse é o nosso lema: *por um Brasil melhor e por uma Humanidade mais feliz.*

> Por um Brasil melhor e por uma
> Humanidade mais feliz —
> esse é o nosso lema.

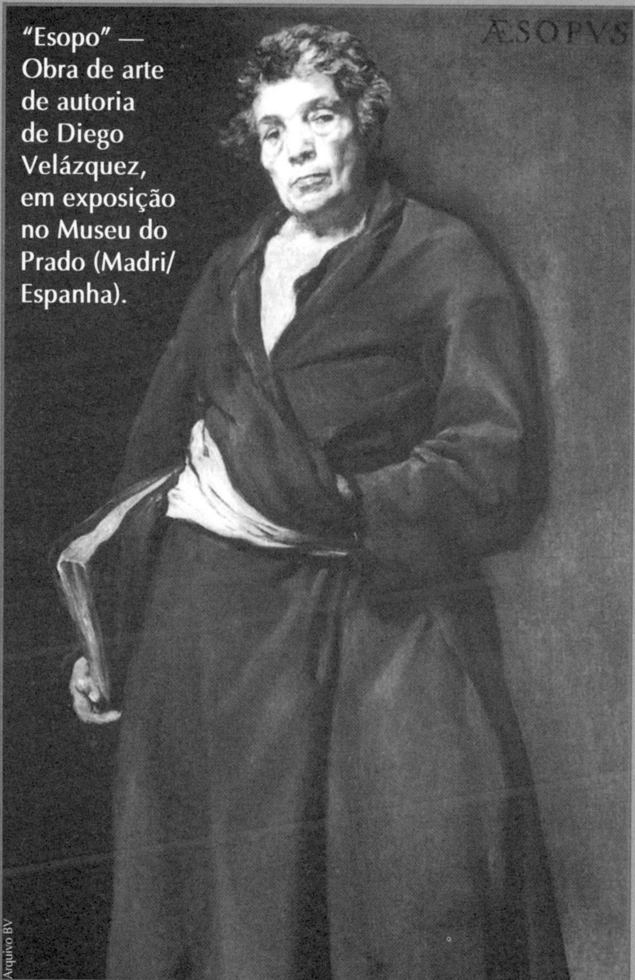

"Esopo" — Obra de arte de autoria de Diego Velázquez, em exposição no Museu do Prado (Madri/ Espanha).

Esopo, Liberdade e Esperança

ESOPO, LIBERDADE E ESPERANÇA

Fui aluno do Pedro II, o antigo Colégio-Padrão, no Rio de Janeiro. Boas recordações guardo dos mestres Homero Dornelas, assessor do genial Heitor Villa-Lobos; Honório Silvestre; José Jorge; Newton de Barros; Pompílio da Hora; Sá Roriz; Farina; Choeri; Sebastião Lobo; José Marques Leite; Fernando Segismundo, ex-presidente da Associação Brasileira de Imprensa, a nossa ABI; e outras notabilidades nacionais.

Arquivo BV

La Fontaine

Arquivo BV

Fedro

Lá estudávamos as páginas de Esopo, Fedro, La Fontaine...

Fábulas, todos sabem, são narrativas em que os animais falam, acertam ou se equivocam, possuem sabedoria ou empatia. Enfim, singularizam os homens com as suas qualidades e defeitos. Esopo, um cativo grego na ilha de Samos, viveu há cerca de três milê-

Divulgação

Alguns dos mestres do Colégio Pedro II

Arquivo pessoal

Homero Dornelas

Reprodução: Ivan Souza

Honório Silvestre

Arlindo Filho

José Jorge

Arquivo Colégio Pedro II

Pompílio da Hora

Reprodução: Ivan Souza

Sá Roriz

Reprodução: Ivan Souza

Farina

Arlindo Filho

Wilson Choeri

Arquivo Colégio Pedro II

Sebastião Lobo

Fernando Franco

Fernando Segismundo

Fotomontagem K.B.

nios e era campeão em contar essas historinhas, que sempre nos convidam a refletir. Uma delas é:

O cão e o lobo

Vinha um cão por uma estrada. De súbito, deu de frente com um lobo, que lhe disse:

— Amigo, estás com uma excelente aparência! Forte, lépido, feliz. Sinto até inveja de ti...

— É mesmo?! Faze então igual a mim. Consegue um dono bondoso. E terás alimento nas horas certas e serás bem cuidado. Meu único serviço é, se aparecerem assaltantes, latir à noite. Vem, pois, comigo e ele te dará semelhante tratamento.

O lobo considerou a proposta muito boa e foi acompanhando o cão no caminho de casa.

Até que, a um dado instante, um fato despertou a sua curiosidade.

— Que é isso pendurado em teu pescoço? Estás machucado?

— Bem... — respondeu-lhe o cão — é por causa da coleira.

— Quê?! — espantou-se o lobo...

— De dia, meu senhor me prende com ela. Não quer que eu apavore as pessoas que o visitam.

Ouvindo isso, o lobo não quis mais conversa e abandonou o cão no meio do trajeto, todavia sem antes lhe dizer:

— Amigo, esquece tudo, porque não te seguirei mais. Acho melhor viver liberto do que na tua aparente abastança.

Moral da história

Não há ouro suficiente que valha a liberdade.

E, assim, o velho filósofo da Hélade, que era mentalmente livre, apesar de padecer a ignomínia da escravidão, deixou-nos, entre outros, um grande preceito.

Contam que o seu senhor, espantado com tamanho saber, lhe deu carta de alforria.

A Lição de Jesus

O ensinamento de Jesus é superior ao do fabulista. Encontra-se no Evangelho, segundo João, 8:32: *"Conhecereis a Verdade* (de Deus), *e a Verdade* (de Deus) *vos libertará"*.

Eis a diferença — a verdade dos homens, em geral, costuma deixá-los malogrados, porque às vezes é apenas Razão, que pode variar conforme os mais diversos fatores, incluídos os de longitude, apesar da globalização infrene. A de Deus, porquanto Razão embasada na Justiça e firmemente no Amor, por conseguinte distante de fanatismos ou convicções pétreas, eleva-os ao esclarecimento maior, até mesmo nas dúvidas mais recônditas, premiando-os, quando pacientes e pertinazes, com a emancipação que não os surpreenderá, adiante, com as mais tristes frustrações. Isso ocorreu com ilustres pensadores que viram suas certezas abaladas, ou mesmo derruídas, com a falência de ideologias brilhantes, porém pouco eficazes. Entretanto, como esclareceu Lavoisier (1743-1794): *"Na Natureza nada se perde, nada se cria, tudo se transforma"*.

Lavoisier

Arquivo BV

Ninguém é culpado, sendo crente ou ateu, por querer, em todos os sentidos, o melhor para o povo.

A Esperança não morre nunca

Há alguns anos, no Rio de Janeiro, assisti a um jovem dizer na televisão que *"a Esperança havia morrido"*. Não sou poeta. Mas tomei da caneta e ousei estes simples e despretensiosos versos, depois musicados pelo maestro Vanderlei Alves Pereira:

A Esperança
não morre nunca!
Nunca!
Não morre, não!
Pois, como a vida,
que é eterna,
mãe tão fraterna,
pode morrer?!
Não, não morre
nunca!
Não morre, não,
a Esperança no coração!

Certamente, semelhante expectativa ainda sustenta os corações de muitas crianças angolanas. Um diplomata, conhecido do meu companheiro de ideal ecumênico José Santiago Naud, co-fundador da Universidade de Brasília (UnB), pôde apreciá-las em sua alegria inocente, apesar da guerra que ensangüentou a pátria de Agostinho Neto (1922-1979) por quase trinta anos.

Cida Linares

Arquivo BV

— Disse-me o amigo de torna-viagem que no interior, perto de Luanda, viu comovido certa vez o grupo de uma centena delas, cantando em torno do seu mal pago professor, que dançava:

— Se eu pudesse voava
ao encontro da paz,
abandonava essa guerra,
ficava ao lado da paz.

Liberdade e Esperança são dois sentimentos de que a criatura humana não pode abrir mão. Deve, contudo, saber honrar o primeiro para ser merecedora permanente do segundo.

Arquivo BV
Gandhi

Ninguém aprisiona o Espírito de um Homem livre. Que o diga o Gandhi, que escreveu muitas de suas mais belas e decisivas páginas enquanto sofria prisões na luta pela libertação dos indianos.

Ninguém aprisiona o Espírito de um Homem livre.

André Fernandes

ONU, LBV e os Oito Objetivos do Milênio (I)

Segunda-feira, 24 de abril de 2007

ONU, LBV E OS OITO OBJETIVOS DO MILÊNIO (I)

Os Oito Objetivos do Milênio estabelecidos pelos 191 países membros da Organização das Nações Unidas, em 2000, cuja implementação está programada para ocorrer até o ano de 2015, foram tratados com especial apreço no I Fórum-Feira de Inovações Rede Sociedade Solidária, promovido em março pela Legião da Boa Vontade (LBV), em várias capitais brasileiras e em Buenos Aires/Argentina, com o suporte da ONU. A ela se refere a dra. Michele Fedoroff, chefe adjunta da Seção de ONGs/ Departamento de Assuntos Socioeconômicos da ONU, em correspondência que muito nos honra, datada de Nova York, 27/3/2007: "(...) *Em nome do meu departamento e da senhora Hanifa Mezoui, chefe da Seção de ONGs, representei as Nações Unidas em alguns desses encontros*

Daniel Trevisan

Michele Fedoroff

e foi um grande prazer a oportunidade de encontrar-me com o senhor e ter uma frutífera troca de opiniões sobre temas que serão debatidos no Conselho Econômico e Social, em sua próxima sessão (...)". Esse evento, a *AMR Innovation Fair*, que o Ecosoc realizará em julho, na Reunião do Alto Segmento das Nações Unidas, em Genebra, Suíça, contará com a presença de chefes de Estado, conselhos ministeriais e demais participantes. Consoante recentemente declarou a sra. Hanifa, *"eles desejam ver o que tem sido feito em âmbito internacional. E aqui está a LBV, com* status *consultivo geral (na ONU) desde 1999, conquistando seu lugar e trazendo tudo isto".*

Adriana Rocha

Hanifa Mezoui

Trata-se de despretensiosa mobilização da LBV, com a Rede Sociedade Solidária, nesse contexto mundial em foco. Em documento que estará na *AMR Innovation Fair*, reafirmamos que a Solidariedade hoje se expandiu do luminoso campo da ética e se apresenta como uma estratégia, de modo que o Ser Humano possa alcançar a sua sobrevivência. À globalização da miséria, contrapomos a globalização da Fraternidade, que espiritualiza a Economia e solidariamente a disciplina, como forte instrumento de reação ao pseudofatalismo da pobreza. (...) Não se espera um repentino milagre, mas o fortalecimento de um ideal que se estabelecerá, etapa por etapa, até que se complete o seu extraordinário serviço. Constitui, porém, assunto urgente. Então, comecemo-lo ontem. O bom desafio faz bem a todos. (...)

Na minha página "Conhecimento espiritual gera fartura", constante do ensaio literário *O Capital de Deus*, comento: Nestes tempos de globalização de benefícios mal distribuídos, principalmente para a multidão incontável dos "sem-acesso", como os denomina o jornalista Francisco de Assis Periotto, toda nação tem o dever, mais do que o direito, de ser criativa, de tornar-se economicamente estável, expandindo sua indústria, seu comércio e serviços; de modernizar a instrução e a educação de sua gente (a tudo iluminando com o toque da Espiritualidade, que depreende ética no seu mais exalçado sentido e correspondente ação), sua rede de comunicações e de transportes; de buscar a integração harmônica com os demais povos e de atingir internacional prestígio. É o óbvio, mas, por essa mesma causa, deve ser proclamado. Fora disso, vigora a barbárie que por aí vemos — a cada dia menos disfarçada — e que, por mais incrível que pareça, a maioria talvez não a meça devidamente, pois há um minucioso esforço para mantê-la distraída, como na era dos césares romanos. Entretanto, com certeza, ela cada vez mais irá percebendo os perniciosos efeitos. Isso é fatal. Apenas uma questão de tempo.

Jorge Alexandre

Francisco Periotto

Nenhum dirigente pode fazer coisa alguma sozinho. Carece do apoio da sociedade. Todavia, o mínimo que se espera é que governe para seu povo, para a sua empresa, respeite sua comunidade, ame sua organização, e assim por diante.

Vieira Filho

Alziro de Paiva (à esq.), representante da LBV, na entrega do *"Brazilian International Press Award 2007"*, em Fort Lauderdale, sul da Flórida (EUA), e os jornalistas Eliakim Araújo e Leila Cordeiro.

Vieira Filho

O cônsul-geral do Brasil em Miami (EUA), embaixador João Almino, ladeado pelos Legionários Danilo Parmegiani e Alziro de Paiva.

O Homem de visão abrangente sabe garimpar as almas, não em proveito próprio, o que é um crime, porém em prol da coletividade. Eis o sacerdote que pastoreia com zelo o seu rebanho; o político de grande descortino; o estadista que, por vezes, os contemporâneos não entendem, mas que o porvir abençoa.

(Continua)

Press Award 2007

No último dia 14, a LBV recebeu o prêmio *"Brazilian International Press Award 2007"*, no Teatro Parker Playhouse, em Fort Lauderdale, sul da Flórida, nos Estados Unidos da América, durante o II Congresso Internacional de Cultura e Mídia Brasileira, rebatizado de Focus Brazil 2007. Representando-me no evento, esteve Alziro de Paiva, da

Adriana Rocha

Alziro de Paiva com o editor-chefe do jornal *The BrasilianS*, de Nova York, Edilberto Mendes.

Adriana Rocha

O representante da LBV na ONU com a simpática Leona Forman, presidente e CEO da BrazilFoundation.

Vieira Filho

Carlos Borges, criador do *"Brazilian International Press Award"*.

Editora Elevação. Na oportunidade, participando do Painel *"Social Affairs"*, a LBV apresentou programas que realiza em prol das populações em situação de vulnerabilidade, a exemplo do que é desenvolvido no Lar e Parque Alziro Zarur, em Glorinha/RS. Segundo o senador Paulo Paim, é um trabalho que nos proporciona *"construir um mundo onde todos tenham direitos iguais"*. Esse Lar, também conhecido como o Templo da Natureza e da Criança, é realmente uma história de Amor e Solidariedade com o Rio Grande do Sul.

Lar e Parque Alziro Zarur, da LBV, em Glorinha/RS, Brasil. Visite: Rodovia RS 030, Km 19, Parada 119 — Guabiroba. Tel.: (31) 3487-1033.

À globalização da miséria, contrapomos a globalização da Fraternidade, que espiritualiza a Economia e solidariamente a disciplina, como forte instrumento de reação ao pseudofatalismo da pobreza.

André Fernandes

ONU, LBV e os Oito Objetivos do Milênio (II)

Segunda-feira, 7 de maio de 2007

ONU, LBV e os Oito Objetivos do Milênio (II)

A atual necessidade de plantar a couve e o carvalho

Em 29 de março de 1985, escrevi em "A Nova República e Jesus", publicado no antigo *Jornal da Manhã*, de São Paulo:

(...) Rui Barbosa (1849-1923), o notável civilista brasileiro, de renome internacional, convida-nos à meditação com estes conceitos de tão profundo alcance: *"Enquanto Deus nos dê um resto de alento, não há que desesperar da sorte do Bem. A injustiça pode irritar-se, porque é precária. A Verdade não se impacienta, porque é eterna. Quando praticamos uma ação boa, não sabemos se é para hoje ou para quando. O caso é que seus frutos podem ser tardios, mas são certos. Uns plantam a semente da*

Rui Barbosa

Arquivo BV

couve para o prato de amanhã; outros, a semente do carvalho para o abrigo do futuro. Aqueles cavam para si mesmos. Esses lavram para o seu país, para a felicidade dos seus descendentes, para o benefício do gênero humano".

Nos complexos tempos atuais, prezado Rui, há que se fazer os dois serviços em paralelo: plantar a semente do carvalho, cuja sombra acolhedora se projetará sobre as gerações posteriores, e semear o alimento de agora, contudo para as barrigas vazias, porque ainda hoje ressoa a advertência de

Arquivo BV

Alziro Zarur

José do Patrocínio (1853-1905): *"Enquanto houver um brasileiro passando fome, somos um povo que ri, quando devia chorar (...)"*. E o saudoso jornalista, radialista e

Arquivo BV

José do Patrocínio

Fundador da LBV, Alziro Zarur (1914-1979), completava: *"... chorar de vergonha!"*

(...) Enquanto os governos não chegam às *"soluções definitivas"* para a miséria, que cada um faça mais do que puder — e não o deixe de realizar — pelo seu semelhante, pondo em ação o poderoso espírito de Caridade, tão apregoado e vivido por Jesus e outros luminares da História não somente religiosa. O amadurecimento da Alma irmana as criaturas, concomitantemente, as culturas terrenas. Por questões tais, mesmo que chegado o dia em que todos os problemas sociais sejam resolvidos, a Caridade será tão necessária quanto agora, porquanto é sinônimo de Amor. E sem ele ninguém vive, pois é o alimento do Espírito. Até porque as cidadãs e os cidadãos, além do bom termo para os assuntos da alçada de Estado, andam à procura da solução de seus dilemas humanos.

Prosseguindo: depois de apresentar o que reiteramos em 1985, graças à maturidade solidária das mentes, acabar com a fome tornou-se uma preocupação não apenas nacional, contudo mundial. O que pode impedir que os objetivos que beneficiarão qualquer país sejam atingidos sem tardança em âmbito planetário? Entre outros óbices, destaca-se o exacerbamento do individualismo, aliado ao desejo de domínio que possa existir em cérebros humanos distorcidos, que prodigiosamente frutifica em época de corrupção e impunidade desenfreadas, e à falta de perseverança e eficiente tática entre muitos dos que se opõem a esse estado de coisas.

O combate à violência no mundo começa na luta contra a indiferença à sorte do vizinho. Permitir que se sacrifique o sentimento de compaixão entre os indivíduos é o mesmo que promover o suicídio coletivo das nações.

Não foi sem motivo que assim definiu Jean-Paul Sartre (1905-1980): *"O homem é constituído pelas suas múltiplas escolhas e inteiramente responsável por elas (...)"*.

Arquivo BV

Jean-Paul Sartre

A Família das nações

Com intensidade cada vez maior, para o século 21, a questão é jamais desprezar as múltiplas oportunidades de desenvolvimento para o bem comum que a moderna tecnologia nos oferece. Convém, todavia, agir de forma que, *pari passu*, os avanços do saber tecnológico contemplem mecanismos expansores da Solidariedade, no combate efetivo à miséria moral e espiritual, que afeta o êxito de toda sociedade. Isso é pensar ecumenicamente na solução efetiva para o aumento do poder aquisitivo e, o que é fundamental, para o acesso democrático ao bom ensino, por exemplo, cuja falta, na atualidade, aprisiona na indigência, nos quatro cantos da Terra, populações inteiras, dificultando-lhes a libertação da fome. Verdadeiro desrespeito à dignidade humana.

A fome é má conselheira

Caso esse amadurecimento de mentalidade não ocorra em tempo hábil, necessário se faz que se tenha atenção redobrada quanto ao perigo de não se levar em apreço esses preceitos, pois quem tem fome quer comer; quem padece de sede procura mitigá-la; quem está nu necessita de vestimenta; quem se encontra enfermo aguarda cura urgente; o desesperado anseia por amparo. Não amanhã, **já!** E antes que em extremo delírio as massas famintas venham arrancar o que não têm das mãos dos que possuem...

Refletindo

Em *Reflexões da Alma*, escrevi: Nenhum planejamento, por mais bem-elaborado que seja, terá êxito se lhe faltar

Getúlio Vargas

intensa harmonia e sentido de unidade na diversidade para que a adversidade seja vencida. Getúlio Vargas (1883-1954), que teve uma longa, polêmica e dramática vida pública no Brasil, deixou este testemunho: *"Só há uma força capaz de construir por toda a eternidade: o Amor"*.

> *"Quando praticamos uma ação boa,*
> *não sabemos se é para hoje ou para quando.*
> *O caso é que seus frutos podem ser tardios, mas*
> *são certos."*
>
> Rui Barbosa

Todas as Mulheres são Mães

Segunda-feira, 21 de maio de 2007

Todas as Mulheres são Mães

Na Legião da Boa Vontade, LBV, a visão que temos da maternidade é ampla. É o que comentei em 22 de maio de 1988, na *Folha de S.Paulo*: Deus, Mãe e Pai dos Seres Humanos, é universal abrangência. Assim sendo, Mães não são apenas as que geram filhos carnais. Também são aquelas que se consagram à sobrevivência dos filhos dos outros: as crianças órfãs, até mesmo de pais vivos; as das Mães que precisam trabalhar e não têm pessoa de confiança com quem deixá-las; as das que são irremediavelmente enfermas. Tal como se lê no "Poema do Grande Milênio", de Alziro Zarur (1914-1979): *"(...) Os filhos são filhos de todas as mães, e as mães são as mães de todos os filhos"*.

Mães são ainda as que se devotam à Arte, à Literatura, à Ciência, à Filosofia, à Religião, à Política, à Economia, afinal, a todos os setores do pensamento ou ação criadora, a gerar "filhos" de sua dedicada competência pelo desenvolvimento da Humanidade. A LBV não ergue bastilhas, pelo contrário, as derriba com renovada Boa Vontade. (...)

Muito oportuna também é outra composição poética do velho Zarur: "Poema das Mães", uma ode à face maternal, à necessidade da marca afetuosa e forte deste Ser no governo dos povos:

Poema das Mães

Desde que o mundo é mundo, até onde vai
O arqueológico olhar da pré-História,
Na família dos nobres ou da escória
A mãe não manda, pois quem manda é o pai.

Sem pretensão alguma a Nostradamus,
Eu creio que a razão desse destino
Da mulher-mãe, que todos subjugamos,
É o Deus antropomorfo-masculino.

"Se é homem o Criador (raciocinaram
Os argutos filósofos de antanho),
Façamos das mulheres um rebanho..."
E assim fizeram quando assim pensaram.

Desde então, temos visto a velha farsa
Representada, com solenidade,
Nos países de toda a Humanidade
Onde a moral pré-histórica anda esparsa.

"As mulheres não podem entender-nos",
Diziam os despóticos senhores.
E fomos vendo, em séculos de horrores,
A falência dos homens nos governos.

Ao meditar, em raras horas mansas,
Cheguei a conclusões desprimorosas:
Os homens são crianças rancorosas,
Sem a graça espontânea das crianças.

Só então compreendi o caos da guerra,
Em seus apavorantes misereres:
Coisa impossível de se ver na terra,
Quando os governos forem de mulheres.

Assim é que não pode continuar!
Porque os "chefes" — piores do que os cães
Hidrófobos — têm este singular
Defeito imenso de não serem mães.

Retrato de Mãe

Arquivo BV
Ramón Ángel Jara

Abro a revista *Boa Vontade* e encontro esta jóia do saudoso bispo chileno dom Ramón Ángel Jara (1852-1917): *"Existe uma simples mulher que possui um pouco de Deus pela imensidade de seu Amor e muito de anjo pela constância de sua dedicação. Mulher que, sendo jovem, pensa como anciã; e na velhice, trabalha como se tivesse o vigor da juventude; se é ignorante, decifra os problemas da vida com mais acerto do que um sábio; sendo culta, amolda-se à simplicidade das crianças; quando pobre, considera-se bastante rica com a felicidade daqueles que ama; e, sendo rica, daria com prazer sua riqueza para não sofrer a injúria da ingratidão. Forte ou intrépida, entretanto, estremece ante o choro de uma criancinha; franzina, se reveste, às vezes, da bravura de um leão. Mulher que, enquanto viva, não sabemos dar-lhe o devido valor, porque a seu lado todas as nossas dores se apagam... Mas, depois de morta, daríamos tudo o que somos e tudo o que temos para vê-la de novo um só instante e dela receber a carícia de seus abraços, uma palavra de seus lábios... Não exijais de mim que diga o nome dessa mulher se não quiserdes que eu inunde de lágrimas este álbum, porque já a vi passar em meu caminho. Porém, quando os vossos filhos crescerem, lede-lhes esta página. E eles, cobrindo-vos de beijos, dirão que um pobre viandante, em retribuição da magnífica hospedagem recebida, deixou gravado neste álbum, para todos, o retrato de sua própria Mãe".*

Oração

A esses Seres iluminados, dedico a Prece "Jesus e as Mães", que fiz em homenagem às Mães do Céu e da Terra.

Ó Jesus!/ Tu que és o Refúgio Seguro dos aflitos,/ Escuta a voz das Mães/ Que ao Teu Carinho elevam/ O clamor de suas súplicas./ Aplaca, Senhor, as suas dores,/ Pois cada uma delas,/ Ó Divino Amigo,/ Reconhece em Teu Coração/ O seu bom destino;/ Na Tua Santa Vontade, a força/ Que não lhes permite sucumbir;/ E, na Tua Sabedoria contemplam,/ As Mães da Terra e do Céu,/ A educação que anseiam para os filhos./ Em Ti, Jesus, elas, quando sofrem,/ Têm a certeza do alento/ Que, em geral, o mundo não lhes pode oferecer,/ Porque ainda pouco tem para lhes dar./ Ouve, Filho Celeste de Maria Santíssima,/ O apelo dos corações maternos,/ Porque Tu, Jesus, és a esperança que nunca morre./ Melhor que isso: a convicção que não as deixa esmorecer./ E que assim, em Ti,/ Eternamente seja,/ Ó Divino Provedor!/ Amém.

Dizem que Mãe não tem rima. Será?! Então secou-se-lhes a musa, ou saiu em férias... Mas não semelhantemente à famosa experiência de Guerra Junqueiro (1850-1923).

Arquivo BV
Guerra Junqueiro

Amor faz rima perfeita com Mãe. Mãe é eterna também.

Ah! O Dia das Mães passou? Oh! Desculpem-me! Que pena! Mas que dia não é delas?...

Mães não são apenas as que geram filhos carnais. Também são aquelas que se consagram à sobrevivência dos filhos dos outros.

A Carta do Chefe Seattle (I)

A Carta do Chefe Seattle (I)

Amanhã, 5 de junho, é o Dia Mundial do Meio Ambiente. Pelas atuais condições de nosso vergastado Planeta, a data infelizmente não sugere ainda comemorações, contudo sério alertamento aos Seres Humanos para que não acabem de vez com a única morada que possuem: a Terra. Aproveitemos a ocasião para refletir sobre a famosa carta do Chefe Seattle (1787-1866), exemplo de como se deve amar e respeitar a Mãe Natureza. Recebi-a, em 1986, do jornalista Walter Periotto, então embaixador da LBV nos Estados Unidos:

Arquivo BV

Chefe Seattle

Daniel Trevisan

Walter Periotto

"Quem é dono do céu, do brilho das águas?"

(Tradução do texto considerado autêntico da carta do Chefe Seattle — que, em 1855, respondeu à proposta dos Estados Uni-

dos de comprar a terra dos índios. O texto procede do UNEP — Programa das Nações Unidas para o Meio Ambiente.)

"Como podeis comprar ou vender o céu, a tepidez do chão? A idéia não tem sentido para nós.

"Se não possuímos o frescor do ar ou o brilho da água, como podeis querer comprá-los?

"Qualquer parte desta terra é sagrada para meu povo. Qualquer folha de pinheiro, qualquer praia, a neblina dos bosques sombrios, o brilhante e zumbidor inseto, tudo é sagrado na memória e na experiência de meu povo. A seiva que percorre o interior das árvores leva em si as memórias do homem vermelho.

"Os mortos do homem branco esquecem a terra de seu nascimento quando vão pervagar entre as estrelas. Nossos mortos jamais esquecem esta terra maravilhosa, pois ela é a mãe do homem vermelho. Somos parte da terra e ela é parte de nós. As flores perfumosas são nossas irmãs; os gamos, os cavalos, a majestosa águia, todos são nossos irmãos. Os picos rochosos, a fragrância dos bosques, a energia vital do pônei e o Homem, tudo pertence a *uma só família.*

"Assim, quando o Grande Chefe em Washington manda dizer que deseja comprar nossas terras, ele está pedindo muito de nós. O Grande Chefe manda dizer que nos reservará um sítio onde possamos viver confortavelmente por nós mesmos. Ele será nosso pai e nós seremos seus filhos. Se é assim, vamos considerar a sua proposta sobre a compra de nossa terra. Mas tal compra não será fácil, já *que esta terra é sagrada para nós.*

"A límpida água que percorre os regatos e rios não é apenas água, mas o sangue de nossos ancestrais. Se vos vendermos a terra, tereis de vos lembrar que ela é sagrada, e deveis lembrar a vossos filhos que ela é sagrada, e que qualquer reflexo espectral sobre a superfície dos lagos evoca eventos e fases da vida de meu povo. O marulhar das águas é a voz dos nossos ancestrais. Os rios são nossos irmãos, eles nos saciam a sede. Levam as nossas canoas e alimentam nossas crianças. Se vendermos nossa terra a vós, deveis vos lembrar e *ensinar a vossas crianças* que os rios são nossos irmãos, vossos irmãos também, e deveis a partir de então dispensar aos rios a mesma espécie de afeição que dispensais a um irmão.

"Nós sabemos que o homem branco não entende o nosso modo de ser. Para ele um pedaço de terra não se distingue de outro qualquer, pois é um estranho que vem de noite e rouba da terra tudo de que precisa. A terra não é sua irmã, mas sua inimiga; depois que a submete a si, que a conquista, ele vai embora, à procura de outro lugar. Deixa atrás de si a sepultura de seus pais e não se importa. Seqüestra os filhos da terra e não se importa. A cova de seus pais e a herança de seus filhos, ele as esquece. Trata a sua mãe, a terra, e a seu irmão, o céu, como coisas a serem compradas ou roubadas, como se fossem peles de carneiro ou brilhantes contas sem valor. *Seu apetite vai exaurir a terra, deixando atrás de si só desertos.*

"Isso eu não compreendo. Nosso modo de ser é completamente diferente do vosso. A visão de vossas cidades faz doer aos olhos do homem vermelho. Talvez seja porque o homem vermelho é um selvagem e como tal nada possa compreender.

"Nas cidades do homem branco não há um só lugar onde haja silêncio, paz. Um só lugar onde ouvir o farfalhar das folhas na primavera, o zunir das asas de um inseto. Talvez seja porque sou um selvagem e não possa compreender.

"O barulho serve apenas para insultar os ouvidos. E que vida é essa onde o homem não pode ouvir o pio solitário da coruja ou o coaxar das rãs à margem dos charcos à noite? O índio prefere o suave sussurrar do vento esfrolando a superfície das águas do lago, ou a fragrância da brisa, purificada pela chuva do meio-dia ou aromatizada pelo perfume das pinhas.

"O ar é precioso para o homem vermelho, pois dele todos se alimentam. Os animais, as árvores, o homem, todos respiram o mesmo ar. O homem branco parece não se importar com o ar que respira. Como um cadáver em decomposição, ele é *insensível ao mau cheiro*. Mas, se vos vendermos nossa terra, deveis vos lembrar que o ar é precioso para nós, que o ar insufla seu espírito em todas as coisas que dele vivem. O ar que nossos avós inspiraram ao primeiro vagido foi o mesmo que lhes recebeu o último suspiro". (...)

(Continua)

"Nós sabemos que o homem branco não entende o nosso modo de ser. Para ele um pedaço de terra não se distingue de outro qualquer, pois é um estranho que vem de noite e rouba da terra tudo de que precisa."

Chefe Seattle

A Carta do Chefe Seattle (final)

Segunda-feira, 18 de junho de 2007

A Carta do Chefe Seattle (Final)

Trago nesta edição o trecho final da famosa carta do Chefe Seattle (1787-1866): "Quem é dono do céu, do brilho das águas?"

Busto do Chefe Seattle, localizado na Pioneer Square, Seattle, Washington (EUA).

(Tradução do texto considerado autêntico da carta do Chefe Seattle — que, em 1855, respondeu à proposta dos Estados Unidos de comprar a terra dos índios. O texto procede do UNEP — Programa das Nações Unidas para o Meio Ambiente.)

"Se vendermos nossa terra a vós, deveis conservá-la à parte, como sagrada, como um lugar onde mesmo um homem branco possa ir sorver a brisa aromatizada pelas flores dos bosques.

"Assim consideraremos vossa proposta de comprar nossa terra. Se nos decidirmos a aceitá-la, imporei uma condição: o homem branco terá de tratar os animais desta terra como se fossem seus irmãos.

"Sou um selvagem e não compreendo de outro modo. Tenho visto milhares de búfalos a apodrecerem nas pradarias, deixados pelo homem branco que neles atira de um trem em movimento. Sou um selvagem e não compreendo como o fumegante cavalo de ferro possa ser mais importante que o búfalo, que nós caçamos apenas para nos manter vivos.

"Que será do homem sem os animais? Se todos os animais desaparecessem, o homem morreria de solidão espiritual. Porque tudo que aconteça aos animais pode afetar os homens. Tudo está relacionado.

"Deveis ensinar a vossos filhos que o chão onde pisam simboliza as cinzas de nossos ancestrais. Para que eles respeitem a terra, ensinai a eles que ela é rica pela vida dos seres de todas as espécies. Ensinai a eles o que ensinamos aos nossos: *que a terra é a nossa mãe*. Quando o homem cospe sobre a terra, está cuspindo sobre si mesmo.

"De uma coisa temos certeza: a terra não pertence ao homem branco; o homem branco é que pertence à terra. Disso temos certeza. Todas as coisas estão relacionadas como o sangue que une uma família. Tudo está associado.

"O que fere a terra fere também os filhos da terra. O homem não tece a teia da vida; é antes um de seus fios. O que quer que faça a essa teia, faz a si próprio.

"Mesmo o homem branco, a quem Deus acompanha, e com

quem conversa como amigo, não pode fugir a esse destino comum. Talvez, apesar de tudo, sejamos todos irmãos. Nós o veremos. De uma coisa sabemos — e que talvez o homem branco venha a descobrir um dia: nosso Deus é o mesmo Deus. Podeis pensar hoje que somente vós o possuís, como desejais possuir a terra, mas não podeis. Ele é o Deus do homem e sua compaixão é igual tanto para o homem branco quanto para o homem vermelho. Esta terra é querida Dele, e ofender a terra é *insultar o seu Criador*. Os brancos também passarão; talvez mais cedo do que todas as outras tribos. Contaminai a vossa cama, e vos sufocareis numa noite no meio de vossos próprios excrementos.

"Mas no vosso parecer, brilhareis alto, iluminados pela força do Deus que vos trouxe a esta terra e por algum favor especial vos outorgou domínio sobre ela e sobre o homem vermelho. Este destino é um mistério para nós, pois não compreendemos como será no dia em que o último búfalo for dizimado, os cavalos selvagens domesticados, os secretos recantos das florestas invadidos pelo odor do suor de muitos homens e a visão das brilhantes colinas bloqueadas por fios falantes. Onde está o matagal? Desapareceu. Onde está a águia? Desapareceu. O fim do viver e o início do sobreviver."

Respeitável exemplo

Quanta sabedoria e humanidade no pensamento de um homem considerado selvagem!...

Que elas não falhem nos civilizados, quando enlouquecidos pela cegueira de domínio, a qualquer preço, dos seus semelhantes.

A Mãe Terra talvez não suporte nossas travessuras de *macacos em loja de louças.*

Para refletir

Em *Reflexões da Alma*, da Editora Elevação, abordo um pouco mais assunto tão preocupante: a Natureza nos pede urgente socorro. Comento acerca do que seria o "progresso de destruição" — título de um artigo que publiquei na *Folha de S.Paulo*, em 29 de junho de 1986 — deste modo desenvolvendo o raciocínio: É o que, por exemplo, promove a poluição assassina, o aumento do efeito estufa e a ferida na camada de ozônio, cuja tarefa é defender a vida na Terra, incluída a dos próprios promotores de tantos males... "Impulsionados" pela ambição de ganhar a qualquer preço, não percebem que põem em perigo a si mesmos, a pátria e a família. Não foi sem motivo que Jesus proferiu um famoso discurso que ficou conhecido como "O Sermão Profético", do qual se destaca "A Grande Tribulação" (Evangelho, segundo Mateus, capítulos 24 e 25; consoante Marcos, 13; de acordo com Lucas, 21).

Arquivo BV

Mateus

Arquivo BV

Marcos

Lucas

A respeito desse tema, Ele diz que, se Deus não abreviasse tais dias, nem os escolhidos (aqueles que assim se tornam por suas próprias obras) se salvariam. E mais: o Cristo advertiu que tribulação igual a por Ele prevista nunca houve, desde a criação da Terra, nem jamais se repetirá... E isso é lá brincadeira, pessoal?!

> *"Assim consideraremos vossa proposta de comprar nossa terra. Se nos decidirmos a aceitá-la, imporei uma condição: o homem branco terá de tratar os animais desta terra como se fossem seus irmãos."*
>
> Chefe Seattle

General Garcia (D), ao lado do lendário Rowan

Mensagem a Garcia

Segunda-feira, 2 de julho de 2007

Mensagem a Garcia

Alguns leitores que me honram com sua paciência solicitaram a apresentação de uma história contada por Elbert Hubbard, que publiquei no primeiro volume de *O Brasil e o Apocalipse*, no capítulo "Política e Políticos". Trata-se da página "Mensagem a Garcia", um eloqüente convite àqueles que se queixam do estado do mundo, mas que continuam sentados no sofá, para que tenham maior espírito de decisão.

Elbert Hubbard

"Um homem se destaca no horizonte de minha memória como o planeta Marte no seu periélio.

"Quando irrompeu a guerra entre a Espanha e os Estados Unidos, o que importava a estes era comunicar-se rapidamente com o chefe dos insurretos, Garcia, que se sabia encontrar-se em alguma fortaleza no interior do sertão cubano, mas sem que se pudesse precisar exatamente onde. Era impossível um

entendimento com ele pelo correio ou pelo telégrafo. No entanto, o presidente tinha de assegurar-se da sua colaboração, e isto quanto antes. Que fazer?

"Alguém lembrou: 'Há um homem chamado Rowan; e se alguma pessoa é capaz de encontrar Garcia, há de ser Rowan'.

"Rowan foi trazido à presença do presidente, que lhe confiou uma carta com a incumbência de entregá-la a Garcia. De como esse homem, Rowan, tomou a carta, meteu-a num invólucro impermeável, amarrou-a ao peito e, após quatro dias, saltou de um barco sem coberta, alta noite, nas costas de Cuba; de como se embrenhou no sertão para, depois de três semanas, surgir do outro lado da ilha, tendo atravessado a pé um país hostil, entregando a carta a Garcia — são coisas que não vêm ao caso narrar aqui pormenorizadamente. O ponto que desejo frisar é este: Mac Kinley deu a Rowan uma carta destinada a Garcia; Rowan tomou-a e nem sequer perguntou: 'Onde é que ele está?'

"Hosana! Eis aí um homem cujo busto merecia ser fundido no bronze imarcescível e sua estátua colocada em cada escola do país. Não é de sabedoria livresca que a juventude precisa, nem de instrução sobre isto ou aquilo. Precisa, sim, de um endurecimento das vértebras, para poder mostrar-se altiva no exercício de um cargo; para atuar com diligência; para dar conta do recado; para, em suma, levar uma mensagem a Garcia.

"O general Garcia já não é deste mundo, mas há outros Garcias. A nenhum que se tenha empenhado em levar avante

uma empresa em que a ajuda de muitos se torne precisa têm sido poupados momentos de verdadeiro desespero ante a imbecilidade de grande número de homens, ante a inabilidade ou falta de disposição de concentrar a mente numa determinada coisa e fazê-la."

Amai-vos uns aos outros

O Mandamento Novo de Jesus, Lei de Solidariedade Planetária — *"Amai-vos como Eu vos amei. Somente assim podereis ser reconhecidos como meus discípulos"* (Evangelho, segundo João, 13:34 e 35) —, é uma Mensagem a Garcia dirigida a ainda milhões de surdos morais ou amantes da Lei de Talião. Não foi à toa que num instante de amargura Gandhi (1869-1948) declarou: *"Olho por olho, e a Humanidade acabará cega"*.

Arquivo BV
Gandhi

Acreditamos no Amor e na Justiça iluminada pelo Novo Mandamento. Mas jamais pregamos a acomodação. Há que se promover a Esperança neste Planeta, a Paz de Deus, tranqüilidade e segurança ao Espírito, ainda apenas tangenciadas pelos acordos internacionais, em geral obedientes a interesses díspares, fontes de tantos conflitos. Contudo, o Ser Humano chegará lá... Ele, em virtude de uma saudável teimosia em continuar habitando a Terra, adquiriu paranormal capacidade de sobreviver às mais agudas crises da sua História, entregando no momento certo, quando tudo parece perdido, a sua Mensagem a Garcia.

Aconteceu

O Portal Boa Vontade (www.boavontade.com) publicou em 22 de junho, sexta-feira, palavras da secretária de Estado da Cultura do Rio Grande do Sul, sra. Mônica Leal, durante entrevista à Super RBV de Rádio, na qual tece considerações sobre a *Boa Vontade*, a revista da Espiritualidade Ecumênica:

Clayton Ferreira

Mônica Leal

"(...) Tenho uma admiração muito grande pelo trabalho de vocês e, como jornalista, sempre que leio esse veículo (revista Boa Vontade*), tenho olhos muito críticos, porque a gente tem essa formação. Analiso o projeto gráfico, o editorial e a variedade de matérias. Realmente, vocês estão de parabéns, porque alcançam desde o cidadão comum, a dona de casa, ao profissional que tem mestrado, doutorado, principalmente pela forma simples e objetiva com que os temas são apresentados, porque o cidadão pode não entender de um determinado assunto, mas se é colocado com clareza, ele não só passa a entender como se torna multiplicador daquela idéia, que defende e divulga. Isso é muito importante na comunicação, é o objetivo final. (...) Como vereadora, sempre tive o prazer de receber a* Boa Vontade *e era a que ficava na minha mesa. Passava dias lendo, porque são assuntos profundos, tão*

bem colocados, que não podemos, de maneira alguma, apenas folhear".

Aproveito a oportunidade, aqui em *O Sul*, para agradecer a gentil manifestação da jornalista Mônica Leal.

> *"Não é de sabedoria livresca que a juventude precisa, nem de instrução sobre isto ou aquilo. Precisa, sim, de um endurecimento das vértebras, para poder mostrar-se altiva no exercício de um cargo."*
>
> Elbert Hubbard

O Palais des Nations hospeda o escritório das Nações Unidas em Genebra, Suíça.

O Brasil no *High-Level Segment 2007*, da ONU

Segunda-feira, 16 de julho de 2007

O Brasil no *High-Level Segment 2007*, da ONU

De Genebra/Suíça, Danilo Parmegiani, representante da Legião da Boa Vontade (LBV) na ONU, relata que — "Acostumados, infelizmente, a ver o nosso querido País ser por tantas vezes destaque na mídia internacional pelo lado negativo, geralmente pela violência que choca, é muito salutar quando os brasileiros ganham repercussão pelo que temos de melhor. E isso se deu entre os dias 2 e 5 de julho, quando a LBV representou — como organização com *status* consultivo no Conselho Econômico e Social (Ecosoc) das Nações Unidas desde 1999 — a América Latina na mais importante reunião desse órgão: o *High-Level Segment 2007*, no Palais des Nations, escritório central da ONU em Genebra.

"A LBV apresentou, a convite das Nações Unidas, sua experiência de um trabalho socioeducacional realizado há

Eduarda Pereira

Representantes da LBV, da esquerda para a direita: Noys Rocha (Portugal), Maria de Albuquerque (EUA) e Rosana Bertolin (Brasil) com a revista *Globalização do Amor Fraterno*. Ao centro, o secretário-geral da ONU, Ban Ki-moon, e no lado direito, a sra. Hanifa Mezoui, chefe da Seção de ONGs do UN/DESA.

quase 60 anos, a partir do Brasil, e também o resultado do I Fórum-Feira de Inovações Rede Sociedade Solidária, organizado pela LBV e a ONU, ocorrido em março, no Brasil e na América Latina, com a participação de 1.124 entidades dessas regiões. A Feira abordou o tema 'Parcerias globais para o desenvolvimento — Fortalecendo esforços para a erradicação da pobreza e da fome', com apoio do UN/DESA e do Centro de Informação das Nações Unidas no Brasil (UNIC-Rio).

"O encontro teve a nobre incumbência de propagar ações que colaborem para o desenvolvimento sustentável e para a melhoria da qualidade de vida do Planeta, compartilhando com a sociedade civil, os chefes de Estado, conselheiros ministeriais e alto comissariado da ONU as boas práticas que possam ser multiplicadas, as novas tecnologias sociais e as estratégias intersetoriais para que os oito Objetivos de Desenvolvimento do Milênio (ODMs) tornem-se realidade, especialmente no que se refere à erradicação da fome e da pobreza.

"A cerimônia de abertura, conduzida pelo secretário-geral da ONU, Ban Ki-moon, contou com representantes dos 192 países membros do Ecosoc. Após esse ato, o secretário visitou a mostra de trabalhos das instituições presentes. No estande da LBV, observou atentamente os painéis com fotografias e histórias de sucesso da Organização brasileira, apreciou as pinturas temáticas e recebeu a revista *Globalização do Amor Fraterno* (inicialmente editada em português, inglês e francês), que traz a mensagem de Paiva Netto, alvo de especial atenção dos participantes. Ban Ki-moon registrou seu encontro com a LBV e assinou a capa da publicação, ratificando seu apoio às ações empreendidas pela Legião da Boa Vontade. A dra. Hanifa Mezoui, chefe da Seção de ONGs do UN/DESA, acompanhou o secretário na visita.

"No dia 4 de julho, em nome da LBV, a doutoranda em Educação Maria de Albuquerque discursou na Assembléia do *High-Level Segment*, dirigida pelo vice-presidente do Conselho Econômico e Social, sr. Hilario Davide. A apresentação aos chefes de Estado resumiu o relatório da LBV, cujas recomendações foram traduzidas pela própria ONU para os seus seis idiomas oficiais (a íntegra pode ser obtida no *site* www.redesociedadesolidaria.org.br).

Eduarda Pereira
Hilario Davide

Maria de Albuquerque

Sr. Amitava Tripathi, embaixador da Índia na Suíça e no Vaticano, ladeado por Danilo Parmegiani e Rosana Bertolin, da LBV.

"Depois da palavra da educadora, recebida com entusiasmo pelo público, o dr. Hilario comentou: *'É poderosa a mensagem da LBV. Somente com a globalização do Amor em todo o seu sentido teremos Paz, progresso e prosperidade para toda a Humanidade'*.

"A dra. Michele Billant-Fedoroff, chefe adjunta da Seção de ONGs do Ecosoc, enviou um recado especial ao líder da Instituição: *'Senhor Paiva Netto, vim por vocês a Genebra para apresentá-los ao secretário-geral da ONU, Ban Ki-moon, que soube dos trabalhos extraordinários que fazem no Brasil. Ele conhece o senhor e a sua grande Organização e os encorajou a continuar nessa ação, agora bem conhecida no mundo'*.

"Nos primeiros dias do evento, importantes autoridades compareceram ao estande da LBV, a exemplo do embaixador da Índia na Suíça e no Estado do Vaticano, sr. Amitava Tripathi, que veio especialmente da cidade onde reside, Berna, para encontrar-se com integrantes da LBV, oportunidade em que expressou seu entusiasmo acerca da revista *Globalização do Amor Fraterno. 'O trabalho da LBV é muito importante no cumprimento dos Objetivos de Desenvolvimento do Milênio, porque não é só relevante para o Brasil, mas para toda a Humanidade. A pobreza, a fome, a falta de educação básica, são problemas sérios que afetam a todos. Para evitar ou preveni-los, eles precisam ser abordados apropriadamente, discutidos em âmbito mundial, e é por isso que parabenizo a LBV'*".

Os desdobramentos desses fatos merecerão de nossa parte uma série de considerações, tendo em vista sua relevância. Afinal, há muito que se caminhar para alcançar a desejada Sociedade Solidária Altruística Ecumênica, na qual *"todos os Seres Humanos possam nascer livres e iguais em dignidade de direitos"*, conforme postula a Declaração Universal dos Direitos Humanos.

> *"Senhor Paiva Netto, vim por vocês a Genebra para apresentá-los ao secretário-geral da ONU, Ban Ki-moon, que soube dos trabalhos extraordinários que fazem no Brasil. Ele conhece o senhor e a sua grande Organização e os encorajou a continuar nessa ação, agora bem conhecida no mundo."*
>
> Michele Billant-Fedoroff

AOS QUE FICAM E AOS QUE PARTIRAM

Segunda-feira, 30 de julho de 2007

AOS QUE FICAM E AOS QUE PARTIRAM

Estamos todos consternados e perplexos ante o trágico acidente aéreo do vôo 3054 da TAM, que partiu de nossa querida Porto Alegre, ocorrido na noite de terça-feira, do dia 17, na cidade de São Paulo. Solidarizo-me com as famílias e amigos das vítimas, pedindo a Deus o amparo e o conforto espiritual para os que ficam e também para os que nos deixaram de forma tão dramática. Onde quer que estejam, pois os mortos não morrem, recebam as nossas vibrações de Paz e Fraternidade, veneranda saudação de Francisco de Assis.

Arquivo BV

Francisco de Assis, Patrono da LBV

II Encontro de Abrigos

O Lar e Parque Alziro Zarur, da Legião da Boa Vontade, em Glorinha, realizou no dia 20 o II Encontro de Abrigos do Rio Grande do Sul. O objetivo foi proporcionar um espaço de troca de experiências, busca de estratégias de trabalho, levantando possíveis ações preventivas, e atuar em rede. A convite da LBV, palestraram a procuradora de Justiça, do Ministério Público gaúcho, dra. Maria Regina Fay de Azambuja; a psicóloga da Fundação de Proteção Especial da Secretaria da Justiça do Rio Grande, sra. Ana Celina Garcia Albornoz; o coordenador do Centro de Referência Especializado de Assistência Social (Creas), psicólogo Ildo Roberto Franz; o consultor da Associação dos Conselheiros Tutelares do RS, dr. Hamilton Guilherme Brito de Almeida; e a pós-graduada em Gestão Educacional e Metodologia do Ensino das Ciências Humanas, a pedagoga Maria Suelí Periotto.

Aos ilustres amigos, meus sinceros agradecimentos. O ambiente do Lar e Parque da LBV é sempre o de um recanto de amor e poesia, no qual se valoriza o Ser Humano e seu Espírito eterno.

Boa Vontade, destaque das Américas

Da LBV dos Estados Unidos, Danilo Parmegiani informa-nos que a Seção de ONGs do Departamento de Assuntos Econômicos e Sociais das Nações Unidas, na coordenação da dra. Michele Fedoroff, disponibilizou um *blog* na internet (www.amrif.blogspot.com) no qual destaca as ações da LBV como a representação das Américas na conferência mundial do Ecosoc *High-Level Segment 2007*, que abordou o combate à pobreza e à fome, neste mês, no escritório da ONU em Genebra. Na página é possível assistir a um vídeo sobre o trabalho da Instituição brasileira; conferir mais de duzentas fotos da sua atuação no encontro e ainda fazer *download* da revista *Globalização do Amor Fraterno*, nos idiomas inglês e francês. Dessa minha mensagem especial, entregue aos chefes de Estado e participantes dos 192 países presentes, trago parte do intróito:

Em *Reflexões da Alma,* que lancei em 2003, ressalto um trecho notável do Preâmbulo da Constituição da Organização das Nações Unidas para a Educação, a Ciência e a Cultura — Unesco, aprovada em 16 de novembro de 1945, por julgar que outro caminho para a Humanidade será o da destruição: *"Se as guerras nascem na mente dos homens, é na mente dos homens que devem ser construídos os baluartes da paz"*.

Realmente, urge promover as propostas de real entendimento, outro caminho para os povos será o do remédio amargo.

Há muito ainda a ser feito

Olho para o mundo e penso que não pode ser considerado liberto quem anda faminto; quem passa diante de um colégio, mas não pode freqüentá-lo, porque os pais não têm dinheiro para comprar-lhe o material escolar; quando na TV, mesmo hoje, aos negros sobram papéis secundários e faltam os de projeção no enredo; quando a mulher recebe salários inferiores aos dos homens; quando a droga força a porta das casas das famílias; quando os ricos, para sair à rua, precisam blindar seus carros e, até assim, não se sentem seguros; quando os pobres vivem no aconchego do lar sob o risco de balas perdidas; quando os enfermos não possuem a assistência de vida; quando o respeito à liberdade de expressão está sob ameaça constante. Enfim, quando qualquer pátria potencialmente forte, porém com expressiva parte da população ainda na indigência, não alcançou a autonomia espiritual verdadeira, porque tudo tem início na Alma das criaturas: tanto o acerto como o desacerto. Daí a necessidade urgente de instruir, educar e espiritualizar com o ecumenismo do coração. Trata-se de um desafio no oceano encapelado pela indiferença de alguns à situação dos indivíduos ou de seus povos. Contudo, constitui uma das mais avançadas decisões que a Humanidade é capaz de enfrentar e tornar auspiciosa realidade. O Amor Fraterno é o mais potente instrumental para a libertação do Ser Humano.

Arquivo BV

Cícero

A propósito, Cícero (106-43 a.C.), grande tribuno romano, grafou:

"Dentre todas as sociedades, nenhuma há mais nobre e mais estável que aquela em que os homens estejam unidos pelo amor".

Eis por que — estimados ouvintes e leitores e respeitáveis leitoras e ouvintes que me honram com sua atenção — o isolacionismo, quando caracterizado pela ilusão do orgulho espiritual, social e político, há sempre de se render, um dia, ao contagiante sentimento de Solidariedade Espiritual e Humana. Alziro Zarur ensinava:

"Deus criou o Ser Humano de tal forma que ele só pode ser feliz praticando o Bem".

O Amor Fraterno é o mais potente instrumental para a libertação do Ser Humano.

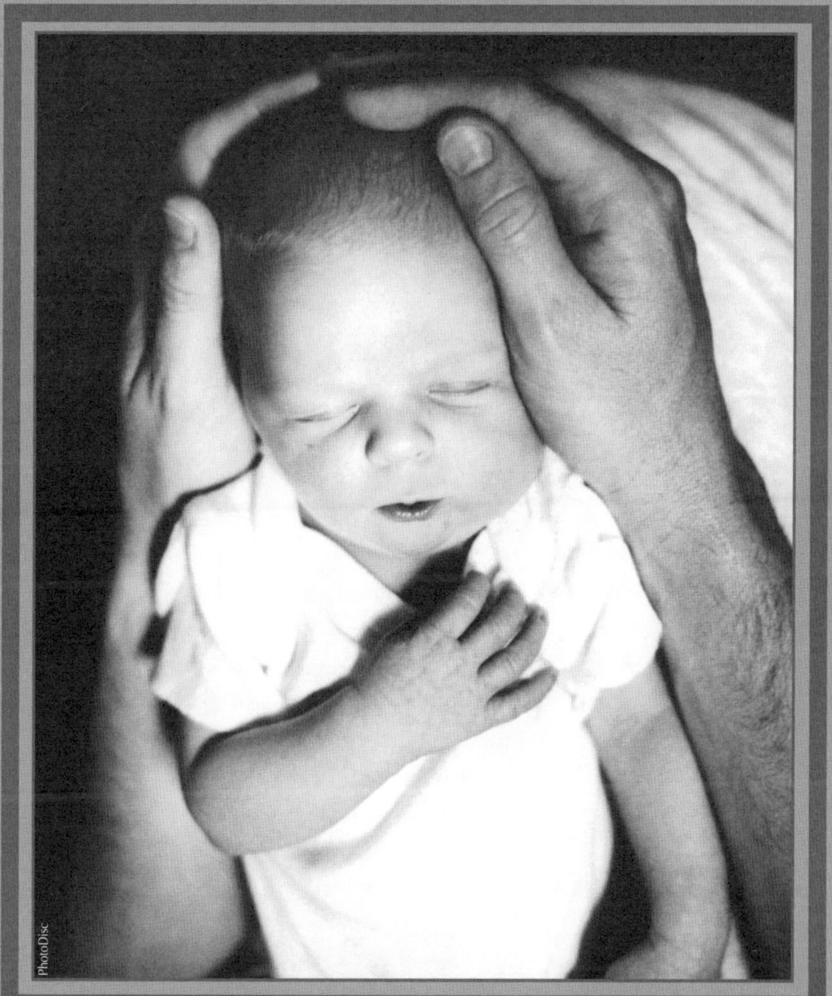

Homenagem aos Pais

Segunda-feira, 13 de agosto de 2007

Homenagem aos Pais

O radialista Mário Augusto Brandão trouxe-me transcrições de palestras que realizei num período de 25 anos. Então, reuni alguns trechos para apresentá-los a Vocês, porque procuramos de maneira ecumênica inspirar nossas palavras nos ensinamentos de Jesus. Por isso, juntamos a opinião de tantos, em função do Mandamento Novo do Cristo:

"Amai-vos como Eu vos amei. Somente assim podereis ser reconhecidos como meus discípulos, se tiverdes o mesmo Amor uns pelos outros. (...) Não há maior Amor do que doar a sua própria Vida pelos seus amigos. (...) Porquanto, da mesma forma como o Pai me ama, Eu também vos amo. Permanecei no meu Amor" (Evangelho, segundo João, 13:34 e 35; 15:12, 13 e 9).

Arquivo BV

Heinrich Vierordt

Ontem, comemoramos o Dia dos Pais no Brasil.

O poeta e escritor alemão Heinrich Vierordt (1855-1945) declara: *"Títulos, honras, favores humanos, tudo, tudo é pálida neblina apenas; e o único bocado sólido de sorte é a felicidade familiar".*

Nessa data, firmados na palavra do Divino Mestre, em Sua Prece Ecumênica do *Pai-Nosso*, não nos podemos esquecer de homenagear, inicialmente, o maior dos pais: o Celestial.

Ao dedicar algumas linhas aos heróis que pelo mundo desempenham bem o seu papel de educar os filhos, faço-o com muito carinho. Minha saudação é extensiva aos que não mais se encontram neste orbe, visto que habitam agora o Plano do Espírito, como "seu" Bruno de Paiva. **A morte não interrompe a Vida.** Na Terra ou no Céu da Terra continuamos a trilhar a Existência Eterna.

Arquivo BV

Bruno de Paiva

Relacionamento entre pais e filhos

Apenas com o Amor Fraterno — passe o tempo que necessário for, superados todos os percalços —, será sustentada a relação entre pais e filhos, filhos e pais, sólida e indestrutível, porquanto a fortaleza dessa união estará sobre o mais sublime dos sentimentos.

Em sua Primeira Epístola, 4:20, 21 e 8, diz João Evangelista: *"Se alguém disser: Amo a Deus, e odiar a seu irmão, é mentiroso; pois*

Arquivo BV

João Evangelista

aquele que não ama a seu irmão, a quem vê, não pode amar a Deus, a quem não vê. Ora, temos, da parte Dele, este mandamento: aquele que ama a Deus ame também a seu irmão (...), porque Deus é Amor".

E esta assertiva de João, que se inspirou em Jesus, recorda-me uma complementação do saudoso Alziro Zarur (1914-1979) à palavra do Discípulo Amado: *"E nada existe fora desse Amor"*. Por conseguinte, desse afeto vem a substância que percorre e mantém viva a Alma, tal como o sangue, que não permite a gangrena do corpo humano, ao levar vida a todas as suas partes (...).

Na verdade, a luta é grande; os obstáculos, muitos. Daí, a importância de cuidarmos para que não falte aos nossos filhos o alimento material. Todavia, não nos esquecendo de os saciar espiritualmente, conforme defendemos na Pedagogia do Cidadão Ecumênico e na Pedagogia do Afeto.

Contudo, por que a chamamos assim? Ora, o Ecumenismo é para isso. Em vez de nos matarmos por causa de religião, de ciência, de ideologia, de filosofia, de política, de clubes de futebol, ou o que mais o seja, devemos nos unir ecumenicamente, isto é, sem levar em consideração a crença ou descrença da criatura humana, ou se é negra, branca, amarela, mestiça — aliás, toda a população terrena é mestiça —, e levantar quem estiver caído na vala comum da miséria física, social, moral ou espiritual. Esse é o Ecumenismo sem fronteiras que pregamos. Por isso mesmo, o do Afeto, de que andam carecendo os povos, aquele que se comove com a dor. Continua faltando humanidade à Humanidade. Você está rindo desta argumentação? Perdeu a fé nas pessoas? Desistiu de usar sua inteligência em prol de tempos melhores? Então, não se queixe da violência. E não haverá muro ou cerca eletrificada que possa salvá-lo, ou salvá-la, dessa grosseria que apavora as ruas, porquanto a violência pode estar dentro de sua própria casa. Daí a necessidade do bom relacionamento na família, que é a base de uma nação.

Temos de levar adiante a Pedagogia do Cidadão Ecumênico, porque, fortalecidos no seu caráter, convictos de que habitamos um único Planeta, nossos jovens se tornarão imbatíveis nos assuntos que merecem o respeito e a decisão de todos. Alcançarão as vitórias que tanto almejamos para eles como para os filhos de outros pais. A felicidade segura de uma família depende do bem-estar de todas. O Amor, ou a dor, ensinará essa verdade à consciência das multidões, no transcurso das épocas.

Que nossos filhos estejam bem-vestidos, alimentados, nutridos, medicados quanto se fizer preciso. Mas, acima de tudo, protegidos das más influências psíquicas e espirituais, que fatalmente resultam nos males físicos e sociais.

Grato

O meu agradecimento à psicóloga da Fundação de Proteção Especial da Secretaria da Justiça gaúcha, dra. Ana

Celina Garcia Albornoz, que muito me honrou com obra de sua autoria, intitulada *Psicoterapia com Crianças e Adolescentes Institucionalizados*, com estes fraternos dizeres: *"Desejo que este livro contribua com seu importante trabalho em benefício das nossas crianças e adolescentes"*.

A felicidade segura de uma família depende do bem-estar de todas. O Amor, ou a dor, ensinará essa verdade à consciência das multidões, no transcurso das épocas.

A SUPREMA VOCAÇÃO DE SERVIR

Segunda-feira, 27 de agosto de 2007

A SUPREMA VOCAÇÃO DE SERVIR

A muita gente pode parecer que o Planeta caminha para um beco sem saída. Corrobora com isso a massificação de notícias nem sempre agradáveis que a todo instante nos bombardeiam. É a realidade, mas se assimilarmos a suprema vocação de servir, termo que nos concede o *status* de criaturas úteis à comunidade, perceberemos novos e mais acertados horizontes. O aprendizado ganho nos apontará reais benefícios à medida que nos integrarmos no sagrado ato de estender a mão aos que precisam (Evangelho de Jesus, segundo Mateus, 10:8). Este é o sentimento que move muitos que, sacudindo de si o pessimismo, seguem em frente, acreditando e agindo por uma sociedade melhor. Gerações que nos precederam de certa forma assim atuaram, senão onde estaríamos hoje?

Arquivo BV

Mateus

De que nos fala o Apocalipse?

Debate-se o mundo contra um impasse, sintetizado no agora inegável aquecimento global. A *Folha de S.Paulo* informa, citando como fonte Deborah Zabarenko, da Reuters, que um grande conglomerado do ramo petrolífero financiou negação do efeito estufa e destaca: *"Relatório da união dos cientistas responsáveis compara estratégia da companhia à usada pelas empresas do setor de tabaco"*.

De que nos fala o Apocalipse a respeito do assunto? O que finalmente anuncia, analisado sem tabus e preconceitos, a não ser também as nocivas mudanças climáticas no orbe que, sem distinção, nos acolhe? No relato dos sete flagelos, capítulo 16 do texto profético, isso fica bem sinalizado. As conseqüências do progresso, quando irresponsável, estão aí aos olhos de todos, não mais podendo ser escondidas. Aos governos cabe governar para os povos, antes que se tornem incontroláveis, impelidos, por exemplo, pela falta d'água, da qual se fala ser o próximo motivo das guerras.

Um quê de estadista e Espiritualidade Ecumênica

Do meu livro *Apocalipse sem medo* (Editora Elevação), no capítulo "Muro de Berlim e Mundo Espiritual III", extraí este trecho:

A fim de haver autoridade suficiente capaz de conter sustento e trabalho às massas e indicar-lhes renovadores rumos, o religioso vigilante terá de possuir um quê de estadista, bem como o estadista de escol não poderá prescindir de Espiritualidade Ecumênica, isto é, aquela verdadeiramente livre de todo sectarismo fanático. Sacerdócio, seja ele religioso, ideológico, político, filosófico, artístico, científico e assim por diante, é expandir a Fraternidade e a Solidariedade. Exaltar a dignidade humana. Para esse sentimento franco, prevalece uma grande nobreza: servir, que, no dizer do filósofo italiano Pietro Ubaldi (1886-1972), em *A Grande Síntese*, é a qualidade superior do poder: *"O comando supremo é simplesmente a suprema obediência"*.

Pietro Ubaldi
Arquivo BV

Sic transit...

Tudo o mais é passageiro, como pensavam, no século 14, Gerard Groote (1340-1384) e Tomás de Kempis (1379-1471); este, um humilde sacerdote a quem, durante muito tempo, foi atribuída a autoria exclusiva de uma das mais importantes obras da história religiosa e social do mundo: *Imitação de Cristo*. Em suas páginas, encontra-se esta admoestação, que atravessou as épocas:

Gerard Groote
Arquivo BV

Tomás de Kempis
Arquivo BV

Arquivo BV

Ernest Renan

"O quam cito transit gloria mundi!" Oh! Quão rapidamente passa a glória deste mundo!

O velho Ernest Renan (1823-1892) estava certo: O que faz uma pátria é a Solidariedade. E, por extensão, a Terra, a qual devemos livrar da ruína de um progredir desmiolado, gerido pelas patranhas daqueles cuja maior habilidade é mentir para as multidões, mesmo que as enfermando ou matando. Contudo, sempre há uma solução quando os Seres Humanos nela se empenham.

Seminário Internacional de Educação para a Paz

"Educadores e técnicos das redes de ensino pública e particular, além de estudantes, participaram, no sábado, 25 de agosto, do Seminário Internacional de Educação para a Paz, promovido pela Legião da Boa Vontade (LBV).

Elisa Rodrigues

Alicia Cabezudo

O evento, que se deu no Lar e Parque Alziro Zarur, em Glorinha, contou com a presença da educadora argentina dra. Alicia Cabezudo, reconhecida pelos relevantes trabalhos em benefício de projetos educacionais sobre a Paz e os direitos humanos, desenvolvidos também em Rosário/Argentina, Madri/Espanha, Costa Rica e Columbia University, de Nova York, EUA.

"A solenidade de abertura teve apresentações culturais dos grupos Raízes do Rio Grande e Hip-Hop, este último composto de meninos atendidos no Lar e Parque da Instituição.

"Duas importantes palestras constaram da programação. A pedagoga, pós-graduada em Gestão Educacional e Metodologia do Ensino das Ciências Humanas, Maria Suelí Periotto, foi a primeira a falar, tendo como foco as atividades da LBV em prol da construção da Cultura de Paz.

Elias Paulo

Suelí Periotto

"Alicia Cabezudo, doutora em Educação, especialista em Ciências Sociais e Políticas pelo Instituto de Altos Estudos Internacionais, da Universidade de Genebra, Suíça, abordou o tema 'Educadores para a Paz'."

Outras informações: Portal Boa Vontade (www.boavontade.com).

Meus sinceros agradecimentos a todos os que colaboraram nesse saudável diálogo para a melhoria das condições de vida no Planeta.

> Se assimilarmos a suprema vocação de servir, perceberemos novos e mais acertados horizontes.

A FORÇA DA ORAÇÃO

Segunda-feira, 10 de setembro de 2007

A FORÇA DA ORAÇÃO

Constantemente me chegam cartas, bilhetes, recados daqueles que enfrentam grandes padecimentos. São mães cujos filhos morreram, pais lutando para afastar seres queridos do vício, jovens à procura de um rumo certo, gente fragilizada por um mal incurável, idosos desprotegidos por quem lhes deveria arrimar a existência. E, igualmente, há o problema da "solidão acompanhada". Talvez seja um dos fatores pelos quais algumas pessoas hoje se expõem tanto, como a dizer, apesar de toda a proclamação de sucesso que se lhes fazem: *"Hei, estou aqui! Também tenho coração!"*

Uma senhora, a quem chamarei Dona Rosalina, é uma dessas criaturas sofridas que anseiam, pelo menos, por uma palavra de conforto. Não vou entrar na particularidade do seu caso. Mas posso revelar uma pequena sugestão que lhe fiz e que, segundo me relata, lhe tem servido de apoio.

Vali-me de minha própria experiência. Nas horas de dificuldade, quando parece que não há saídas para certas ques-

São Bento

Arquivo BV

tões, recorro à oração e ganho forças para o trabalho. E não me tenho arrependido, ao seguir o lema do venerável São Bento (480-547): *"Ora et labora"*.

Geraldo de Aquino

Arquivo BV

Passei-lhe então uma prece que, pela primeira vez, ouvi do saudoso mineiro de Santos Dumont Geraldo de Aquino (1912-1984). Espero que sirva a quem me honra com a atenção, se, na lide diária, estiver atravessando provações que, às vezes, não pode revelar ao maior amigo ou à mais sincera confidente. Ninguém, religioso ou ateu, se encontra livre disso.

Essa oração, desde o nome, invoca um sentido de que todos necessitamos: Caridade (*Charitas*, em latim), que aprimora o relacionamento dos que buscam ver no semelhante algo além de um saco de carne ou fonte inesgotável de exploração. A Caridade não é cativa da restritíssima acepção a que alguns a querem condenar. Trata-se da mais elevada política. Ilumina o Espírito do cidadão. Ela inflama a coragem da gente. Por que perder a esperança? A primeira vítima do desespero é o desesperado.

Prece de Cáritas

Deus, nosso Pai,/ que sois todo o Poder e Bondade,/ dai forças àqueles/ que passam pela provação,/ dai luz àqueles que procuram a Verdade,/ ponde no coração do Homem/

a compaixão e a Caridade./ Deus!/ Dai ao viajor a estrela-guia,/ ao aflito, a consolação,/ ao doente, o repouso./ Induzi o culpado ao arrependimento./ Dai ao Espírito a Verdade,/ à criança, o guia,/ ao órfão, o pai./ Senhor! Que a Vossa Bondade/ se estenda sobre tudo o que criastes./ Piedade, Senhor,/ para aqueles que não Vos conhecem,/ esperança para aqueles que sofrem./ Que a Vossa Bondade permita/ aos Espíritos consoladores/ derramarem por toda a parte a Paz, a Esperança, a Fé!/ Oh! Deus!/ Um raio, uma centelha do Vosso Amor/ pode iluminar a Terra,/ deixai-nos beber nas fontes/ dessa Bondade fecunda e infinita./ E todas as lágrimas secarão,/ todas as dores se acalmarão./ Um só coração, um só pensamento subirá até Vós,/ como um grito de reconhecimento e de Amor./ Como Moisés sobre a montanha,/ nós Vos esperamos com os braços abertos,/ Oh! Bondade,/ Oh! Beleza,/ Oh! Perfeição./ Nós queremos, de alguma sorte,/ merecer a Vossa misericórdia./ Deus!/ Dai-nos força,/ ajudai o nosso progresso/ a fim de subirmos até Vós;/ dai-nos a Caridade pura e a humildade;/ dai-nos a fé e a razão;/ dai-nos a simplicidade,/ Pai,/ que fará de nossas almas/ o espelho onde se refletirá/ a Vossa Divina Imagem.

Com a palavra, um Nobel de Medicina e Fisiologia

Arquivo BV
Alexis Carrel

O dr. Alexis Carrel (1873-1944), Prêmio Nobel de Medicina e Fisiologia (1912), famoso autor de *O homem, esse desconhecido*, escreveu a respeito do assunto que alenta as almas:

"A oração é (...) a forma de energia mais poderosa que o homem é capaz de gerar. Trata-se de uma força tão real como a gravidade terrestre. Na minha qualidade de médico, tenho visto enfermos que, depois de tentarem, sem resultado, os outros meios terapêuticos, conseguiram libertar-se da melancolia e da doença, pelo sereno esforço da prece. É esta, pois, no mundo, a única força que parece capaz de superar as chamadas 'leis da natureza'. Há muitas pessoas que se limitam a ver na prece (...) um refúgio para os tímidos, ou mero apelo infantil movido pelo desejo de coisas materiais. Concebê-la, entretanto, nestes termos, é menosprezá-la erroneamente. (...) 'Ninguém jamais rezou', disse Emerson (1803-1882), 'sem que houvesse aprendido alguma coisa'. (...) O mais profundo manancial de energia e perfeição, que se acha ao nosso alcance, tem sido miseravelmente abandonado. (...) Se a força da Prece for posta em ação na vida de homens e mulheres; se o Espírito proclamar os seus desígnios claramente, invictamente, haverá então confiança de que não sejam em vão os nossos anseios por um mundo melhor".

Arquivo BV

Ralph Emerson

Vejam que não citei a opinião de nenhum "místico delirante", porém, de um respeitado homem de ciência.

Todo aquele que sofre, da choupana ao palácio, com certeza já teve o ensejo de comprovar essa realidade.

Não é mesmo, Dona Rosalina?

Independência só se consegue com o coração forte.

A Caridade não é cativa da restritíssima acepção a que alguns a querem condenar. Trata-se da mais elevada política. Ilumina o Espírito do cidadão. Ela inflama a coragem da gente. Por que perder a esperança? A primeira vítima do desespero é o desesperado.

Cuidado, estamos respirando a morte

Segunda-feira, 24 de setembro de 2007

Cuidado, estamos respirando a morte

Viver no presente momento
é administrar o perigo.

Atualmente, em vastas regiões da Terra, o simples ato de respirar corresponde à abreviação da vida. Sofrimentos de origem pulmonar e alérgica crescem em progressão geométrica. Hospitais e consultórios de especialistas vivem lotados com as vítimas das mais diferentes impurezas.

Abeirar-se do escapamento de um veículo é suicídio, tal a adulteração de combustível vigente por aí. Isso sem citar os motores desregulados...

Cidades assassinadas

Quando você se aproxima, por estrada, via aérea ou marítima, de grandes centros populacionais do mundo, logo avista paisagem sitiada por oceano de gases nocivos.

Crianças e idosos moram lá... Merecem respeito.

No entanto, de maneira implacável, sua saúde vai sendo minada. A começar pela psíquica, porquanto as mentes humanas vêm padecendo toda espécie de pressões. Por isso, pouco adiantará cercar-se de muros cada vez mais altos, se de antemão a ameaça estiver dentro de casa, atingindo o corpo e a psicologia do ser.

Em cidades praieiras, a despeito do mar, o envenenamento atmosférico avança, sem referência à contaminação das águas e das areias... O que surpreende é constituírem muitas delas metrópoles altamente politizadas, e só de algum tempo para cá seus habitantes na verdade despertarem para tão terrível risco.

Despoluir qualquer área urbana ou rural deveria fazer parte do programa corajoso do político que realmente a amasse. Não se pode esperar que isso apenas ocorra quando se torna assunto lucrativo. Ora, nada mais proveitoso do que cuidar do cidadão, o Capital de Deus.

As questões são múltiplas, mas esta é gravíssima: estamos respirando a morte. Encontramo-nos diante de um tipo de progresso que, ao mesmo tempo, espalha ruína. A nossa própria.

Comprova-se a precisão urgente de ampliar em largo espectro a consciência ecológica do povo, antes que a queda de sua qualidade de vida seja irreversível. Este tem sido o desafio enfrentado por vários idealistas pragmáticos.

Entretanto, por vezes, a ganância revela-se maior que a razão. O descuido no preparo de certas comunidades, para que não esterilizem o solo, mostra-se superior ao instinto de sobrevivência.

A água está acabando

Clayton Ferreira
Hélio Fernandes

A *Tribuna da Imprensa*, do veterano Hélio Fernandes, publicou a conclusão de um estudo divulgado pelo instituto independente Worldwatch, com sede nos Estados Unidos: *"O gelo ártico perde uma área equivalente à Holanda a cada ano, ou cerca de 34.300 quilômetros quadrados. (...) Como o gelo permanente funciona também como um espelho, refletindo o calor solar e mantendo a temperatura da Terra relativamente fria, teme-se que o atual derretimento multiplique os efeitos devastadores do aquecimento global da atmosfera. Antes da catástrofe, porém, o gelo derretido já vem causando problemas para cidades que dele dependem para seu suprimento de água potável. Lima, no Peru, é um exemplo dramático. Cada um dos seus dez milhões de habitantes dispõe hoje de apenas três metros cúbicos da água proveniente da geleira de Quelccaya, quando, há dez anos, dali eram tirados 30 metros cúbicos"*.

Conseqüência do efeito estufa? Uns afirmam que sim; outros, ainda hoje, que não. A verdade é que se trata do resultado da insensatez de gente que não enxerga um palmo adiante do nariz, como satirizava — numa versão da melodia popular de Noel Rosa (1910-1937) — o

Arquivo BV
Noel Rosa

poeta Pedrinho Bevilacqua, alguns que pensam que sabem, mas não sabem.

Desenvolvimento sustentável

Atualmente, nem a nossa querida Porto Alegre se vê livre da poluição que vem desqualificando o ar. Aliás, numa entrevista concedida à Super RBV, AM 1300, o supervisor da Secretaria Municipal de Meio Ambiente, sr. Maurício Fernandes da Silva, apontou o crescente número de motocicletas nas ruas (veículos ainda desprovidos de catalisadores que reduzem a emissão de poluentes no ar) como um dos principais fatores prejudiciais à qualidade do ar dos porto-alegrenses. Ao final do bate-papo, indagado sobre como aliar progresso e preservação ambiental, asseverou: "*Temos de buscar sobremaneira um conceito já muito difundido de desenvolvimento sustentável. É preciso gerar renda, emprego. Entretanto, equivoca-se aquele que pensa que, para gerar progresso, tenha de poluir o meio em que vive. Hoje, já existem técnicas e métodos em que todos trabalhem na preservação da Natureza* pari passu *ao crescimento econômico. O Planeta em que vivemos não é nosso. É de nossos filhos. Temos, então, de deixar para eles, no mínimo, um mundo melhor do que herdamos de nossos pais*".

Que assim seja, pois a destruição da Natureza é a extinção da Raça Humana. Se não suplantarmos o difícil hoje, poderemos ser esmagados pelo impossível amanhã.

NÃO SOMOS ROBÔS

Segunda-feira, 8 de outubro de 2007

NÃO SOMOS ROBÔS

Na noite de 30 de janeiro de 1989, conversava com uma platéia de moços sobre o valor da vida e das lições com que nos presenteia, reflexão que ofereço aos que me honram com sua leitura:

Jovens, ouvi o ensinamento da Natureza, o recado das plantas e dos animais, por inexpressivos que vos pareçam. Não é à toa que temos cercado de flores, arbustos, árvores, atrativos perenes suscitados pelo Pai Celestial, as nossas obras. Encantai-vos com o vôo dos pássaros e o som da cigarra, com o vento a abrir caminho entre as folhas e a melodia exótica do grilo ao entardecer. Não passeis distraídos diante de tanta beleza. Não sois robôs! Isto dará reforço à vossa humanidade. A Natureza incessantemente canta aos vossos corações. De onde vem a força da Alma? Também da genuflexa observação de tudo isso... que é Vida, Deus, Jesus, o Espírito Santo e a Natureza em si.

Degelo no Ártico

Mais do que nunca, hoje, amar a existência é saber valorizar e defender a Mãe Natureza, da qual somos parte intrínseca. O contrário disso desencadeia conseqüências como a registrada por Andrew C. Revkin, do *The New York Times,* neste 21 de setembro:

"As calotas polares do Oceano Ártico, que se retraem com o calor do verão, este ano recuaram mais de 1 milhão de milhas quadradas (cerca de 2,5 milhões de quilômetros quadrados) — ou seis Califórnias — abaixo da área média mínima das últimas décadas, relataram cientistas na quinta-feira (20/9).

"(...) Os números foram apresentados pelo Centro Nacional de Dados sobre Gelo e Neve em Boulder, Colorado/EUA, e publicados no site *nsidc.org.*

"(...) Mark Serreze, um pesquisador sênior do Centro de Gelo e Neve, disse que era cada vez mais claro que as mudanças climáticas causadas pelo acúmulo de gases do efeito estufa estavam desempenhando um papel no aquecimento ártico, que não é visto somente na flutuação de gelo, mas também no derretimento de geleiras terrestres, da tundra e no aquecimento da água do mar (...)".

O que mais precisa ocorrer ainda para que o mundo, por completo, acorde ante o iminente perigo que nos espreita? E depois negam a realidade do Apocalipse e o va-

Assembléia-Geral da ONU

lor da Grande Tribulação, anunciados por Jesus. E, isto é: quando os lêem...

Nações Unidas pelo meio ambiente

Mas, graças à natural teimosia de sobreviver da espécie humana, iniciativas para a melhora do Planeta surgem em escala apreciável. No último 7 de setembro, ocorreu em Nova York, na sede das Nações Unidas, o término da 60ª Conferência Anual do DPI/NGO, do Departamento de Informação Pública da ONU, sobre o tema "Mudança Climática — Como isto impacta a todos nós". Mediada pela professora Dianne Davis, do *International Council for Caring Communities*, a mesa de debates contou com a participação do deputado Beto Albuquerque, vice-líder do governo na Câmara Federal e integrante do Parlamento do Mercosul; do representante da LBV na ONU, Danilo Parmegiani; de Emy Rodrigues, da Fundglode e UNA da República Dominicana; do escritor Joel Grossman; e do arcebispo americano Timothy Paul Bayamon.

Beto Albuquerque, a convite da LBV, palestrou a respeito de providências que nosso país vem tomando para conter o avanço do desmatamento na Amazônia:

Divulgação
Presidente Lula

"O novo modelo de gestão de florestas públicas, aprovado pelo Congresso Nacional e sancionado pelo presidente Luiz Inácio Lula da Silva, é uma vigorosa reação do Estado brasileiro ao longo do processo de ocupação ilegal, exploração predatória e devastação da Amazônia. É preciso agir. Entre 2003 e 2004, mais de 26 mil quilômetros quadrados de floresta — uma Bélgica inteira — sumiram do mapa brasileiro.

"A idéia central do projeto é conservar os recursos naturais, com inclusão social. Como? Uma parte da floresta pública será concedida apenas para projetos de manejo em atividades como ecoturismo, extração de madeira, frutos, óleos, resinas e outros produtos e serviços. A previsão é que a área concedida alcance, em dez anos, 3% da Floresta Amazônica. A lei é resultado de amplo debate com a sociedade brasileira, em audiências públicas realizadas em vários Estados da Federação,

com as comunidades locais, técnicos, juristas, Ministério Público, ambientalistas, pesquisadores, governadores, prefeitos e na Comissão Especial da Câmara dos Deputados. Como relator do projeto de lei na Câmara dos Deputados, acolhi 133 emendas de parlamentares e sugestões de organizações e entidades, o que, com certeza, aperfeiçoou a proposta.

"Temos confiança de que o modelo de gestão que ora instituímos abrirá nova perspectiva para a conservação das florestas brasileiras. E conduzirá o País a um padrão de desenvolvimento sustentável, que combine crescimento econômico, preservação ambiental e melhoria da qualidade de vida".

É o que todos desejamos.

> Encantai-vos com o vôo dos pássaros e o som da cigarra, com o vento a abrir caminho entre as folhas e a melodia exótica do grilo ao entardecer. Não passeis distraídos diante de tanta beleza. Não sois robôs!

André Fernandes

Sete faces que revelam Deus

Segunda-feira, 21 de outubro de 2007

Sete faces que revelam Deus

Em 21 de outubro, há 18 anos, tive a honra de inaugurar com a indispensável ajuda do povo, em Brasília/DF, o Templo da Boa Vontade (TBV).

Desde que abriu suas portas, o TBV é, segundo dados oficiais da Secretaria de Desenvolvimento Econômico e Turismo do Distrito Federal (SDET), o local mais visitado da capital do País.

Num artigo que escrevi para a *Folha de S.Paulo*, em 9 de agosto de 1987, delineei o espírito que norteia a Pirâmide das Sete Faces:

A construção do Templo da Boa Vontade, com um só altar e um trono exclusivamente dedicados ao Senhor Deus, tem como supremo objetivo reunir todas as criaturas, sejam quais forem suas crenças ou descrenças (ateu também é filho de Deus), conduzindo-as à Unidade da Fé Realizan-

Templo da Boa Vontade, em Brasília/DF, Brasil, aclamado pelo povo como uma das Sete Maravilhas da capital do País.

te com base no Ecumenismo Irrestrito, sobre o qual pregava Alziro Zarur (1914-1979). A Fé Realizante é aquela que se opõe à ociosa, egoística. O Templo da Boa Vontade é o Templo da Religião de Deus, o Amor Universal. Revelou Jesus à samaritana, junto ao Poço de Jacó: *"Deus é Espírito"* e, por isso, *"breve não mais será adorado em templos de pedra feitos pela mão do homem"*. Por ser Espírito, *"Ele procura, para Seus adoradores, aqueles que O adorem em Espírito e Verdade"*. O TBV é, pois, a fase intermediária entre os templos de pedra e a época tão esperada em que os homens não mais necessitarão de templos materiais para orar a Deus. *Natura non facit saltum*. Por ser uma etapa transitória, aplicam-se a ele estas palavras inspiradas no ensinamento do Cristo Pla-

Pelo telão instalado na nave do TBV, a multidão acompanha o discurso de Paiva Netto, durante as comemorações dos 18 anos da Pirâmide da Paz.

netário: *"Neste Templo até as pedras clamarão que Deus é Espírito e importa que seja adorado em Espírito e Verdade"*.

Corresponde dizer que nos tempos vindouros ruirá o concebimento restritivo da adoração a Deus apenas quando sob tetos de alvenaria. Os templos, por mais que louváveis, não serão essenciais.

Curiosamente, nessa era ideal, sua freqüência será a mais gloriosa de todos os tempos da Humanidade, porque haverão os homens compreendido ter Deus dentro de si mesmos. Ninguém mais se atreverá a freqüentá-los como quem vai a uma descartável obrigação social, a um piquenique, a um desfile de moda. Quadro que entristece os religiosos compenetrados de sua missão. O lugar preferido por Deus para Seu culto é o coração humano. Não há aqui censura alguma aos que veneram seus templos para adoração ao Todo-Poderoso. De outra forma, como construiríamos o da Boa Vontade em Brasília?

O que concebemos é uma antevisão do que anunciou o Cristo. Dia virá em que a Humanidade inteira será reconhecidamente o Templo do Deus Vivo — território sagrado, onde todos poderão viver em Paz, como profetizou Isaías no Velho Testamento da Bíblia Sagrada. O Ser Humano finalmente entenderá que o Pai Celestial em Sua infinita Sabedoria deve ser buscado e vivido em todos os lugares, durante todos os segundos da existência. Os sacerdotes sempre serão sacerdotes. Isto lhes nasce da Alma: em seus templos e em qualquer parte. Sentem-se assim os homens de Fé, em todos os pontos do mundo.

Isaías

Arquivo BV

O Homem pode tentar, ainda que em vão, destruir as religiões na Terra: contudo, jamais conseguirá extinguir a religiosidade que nasce com ele, mesmo quando ateu.

Dia do Ecumenismo

Em homenagem ao Templo da Paz, por proposição do deputado federal Rodrigo Rollemberg, líder da Bancada do DF no Congresso, foi oficializado em Brasília o 21 de outubro como Dia do Ecumenismo. A iniciativa recebeu a adesão de outros pontos do País, a exemplo dos Estados do Rio de Janeiro, São Paulo, Mato Grosso, e da cidade de Novo Hamburgo/RS.

Por sinal, Rollemberg, ao ser entrevistado pela Super Rede Boa Vontade de Rádio, falou de sua admiração pelo TBV: *"Todas as pessoas que vêm a Brasília, de qualquer lugar do Brasil e do mundo, têm quase como obrigação visitar o Templo da Boa Vontade. É uma Obra espetacular, maravilhosa. Tem uma energia fantástica de Paz, do Bem, da tolerância, e promove um sentimento muito positivo nas pessoas para a construção de um mundo melhor. O Dia do Ecumenismo promove a interação entre os povos, o desenvolvimento da cultura de não-violência, de tolerância, de respeito. É tudo de que precisamos, e o Templo da Boa Vontade vem realizando isso há muitos anos"*.

André Abrahão
Rodrigo Rollemberg

Opinião também compartilhada pelo deputado federal, pelo Estado do Rio Grande do Sul, Beto Albuquerque, vice-líder do governo na Câmara Federal: *"É uma honra poder aproveitar esse momento e estender a todos aqueles que admiram, freqüentam e encontram no TBV a fé para carregar as baterias, superando as dificuldades, as inquietações que muitas vezes surgem no nosso dia-a-dia. São 18 anos de congraçamento, de reflexão, e que muitos outros 18 anos ainda possamos comemorar daqui para a frente"*.

Durante todo o mês, uma rica programação cultural, religiosa e ecumênica celebra os 18 anos do TBV, período em que já recebeu mais de 17 milhões de peregrinos. Está localizado no SGAS 915, lotes 75/76, Brasília/DF, tel.: (61) 3245-1070.

> Dia virá em que a Humanidade inteira será reconhecidamente o Templo do Deus Vivo — território sagrado, onde todos poderão viver em Paz, como profetizou Isaías no Velho Testamento da Bíblia Sagrada.

Sexo, Pátria e reação

Sexo, Pátria e Reação

Lucian Fagundes

Nos seus artigos em *O Sul*, a aguerrida jornalista Beatriz Fagundes denuncia a grave situação de meninas da região metropolitana de Porto Alegre, raptadas para trabalharem em casas de prostituição, no País e no Exterior.

Em outra notícia não menos alarmante, datada de 21 de maio de 2007, este periódico publicou:

"**Abuso sexual de meninos cresce em São Paulo**: Meninos que ainda não completaram 18 anos aparecem cada vez mais nas estatísticas de violência sexual na cidade de São Paulo. Em dois anos, cresceu 152% a quantidade de menores do sexo masculino atendidos nos programas de Proteção à Criança e ao Adolescente. Em 2004, a prefeitura atendeu cem garotos que sofreram abusos. O número subiu para 135 em 2005 e, no ano passado, saltou para 252 casos (...)".

E esses dados certamente se referem aos fatos conhecidos.

Solidarizo-me com os que se indignam e agem contra tão execrável conduta, uma doença a ser extirpada com urgência. Desde muito, insisto que o Brasil não é um prostíbulo ancorado no Atlântico Sul. A sua forma é a de um coração, embora alguns imaginem que ele se pareça com "um pernil", porque assim lhes interessa, como apontava Alziro Zarur (1914-1979), ainda nos anos 1950, no seu famoso *Jesus Está Chamando!* E, famélicos, não se cansam de tentar arrancar-lhe um fornido pedaço. São aqueles constantemente famintos a vampirizar os valores e as qualidades maiores da grande Pátria do Cruzeiro do Sul.

Felizmente, temos por parte do governo gaúcho o programa de enfrentamento à violência sexual infanto-juvenil, coordenado pela Secretaria da Justiça e do Desenvolvimento Social, para conter o abuso que se pratica contra crianças e adolescentes, que não são objetos descartáveis, mas o Capital de Deus, e possuem Espírito eterno.

Crime inafiançável

Felipe Freitas
Carlos Pitombeira

No meu livro *As Profecias sem Mistério*, escrevi:

Costumo dizer — Deus criou o sexo; e o Ser Humano, as enfermidades conseqüentes do seu mau uso e dolorosos efeitos. Outro exemplo?! A banalização do sexo pela exposição excessiva (enfocada pelo veterano jornalista Carlos Arthur Pitombeira, membro eminente da nossa heróica Associação Brasileira de Imprensa, a ABI, na revista *Boa Vontade* nº 219). E isto não se aplica somente à área da Sexologia. Que aberrância cruel é roubar um povo, dilapidando o seu patrimônio, levando-o ao desânimo? É crueldade causadora da desgraça de muitos, até mesmo da morte (...).

Não nos arrogamos a posição de juiz de quem quer que seja. Nossa intenção é evidenciar as qualidades dos indivíduos. Contudo, cada um é inequivocamente responsável pelos seus atos perante Deus, a comunidade e a própria consciência. Referimo-nos ao covarde tráfico, à venda de criaturas humanas, à exploração sexual de crianças, jovens e mulheres, à pedofilia, à pornografia, ao assédio sexual, ao aborto e a tantos outros males que precisam ser eficientemente combatidos em escala planetária, para que não sejamos acomodados espectadores de situações como a ressaltada por Alziro Zarur no seu "Poema do Mundo Escravo", que dedicou a Castro Alves (1847-1871), publicado no matutino *A Pátria*, em 7 de julho de 1935, com o título "Vozes do Mundo":

Castro Alves

"(...) Olha aquela menina de treze anos!/ Já provou desta vida os desenganos/ E ali está, a exibir-se:/ O pai caiu do andaime na calçada,/ E a mãe, herdando a prole esfomeada,/ Mandou-a prostituir-se! (...)".

Dia dos "Mortos"

O segundo dia deste mês é dedicado aos "mortos". Razão por que lhes trago, também de Zarur, o ilustrativo e confortador "Poema do Imortalista", porquanto os mortos não morrem:

Dois de novembro é um dia, na verdade,
Rico em lições para quem sabe ver:
A maior ilusão é a realidade,
Já ensinava o excelente Paul Gibier.

Os vivos (pseudovivos) levam flores
E lágrimas aos mortos (pseudomortos);
E os mortos se comovem ante as dores
Dos vivos a trilhar caminhos tortos.

Legítimos defuntos, na ignorância
Desses espirituais, magnos assuntos,
Parece que inda estão em plena infância,
E vão homenagear falsos defuntos.

Não é preciso ser muito sagaz
Para sentir que a vida tem seus portos:
Um dia, o Cristo disse a um bom rapaz
"Que os mortos enterrassem os seus mortos".

Amigos, por favor, não suponhais
Que a morte seja o fim de nossa vida;
A vida continua, não jungida
Aos círculos das rotas celestiais.

Os mortos não estão aí, cativos
Nos túmulos que tendes ante vós:
Os finados, agora, são os vivos;
Finados, mais ou menos, somos nós.

A morte não interrompe a Vida. Aos que descrêem: concedam-se o cientificamente consagrado direito à dúvida. E se a vida não cessa com a morte, hein?

Ao Coração de Deus

Ocorre em Porto Alegre a 53ª Feira do Livro. Nela está *Ao Coração de Deus — Coletânea Ecumênica de Orações*, versão *pocket*, um dos sucessos da Editora Elevação na XIII Bienal Internacional do Livro do Rio de Janeiro. Essa e outras obras de minha autoria estão nos estandes da AJR Distribuidora de Livros, JCA Livros, Cathilli Comércio e Representação de Livros e na Livraria Momento.

Elisa Rodrigues

Jovens leitoras gaúchas com a obra *Ao Coração de Deus,* do escritor Paiva Netto.

Desde muito, insisto que o Brasil não é um prostíbulo ancorado no Atlântico Sul. A sua forma é a de um coração.

TRIBUTO A VILLA-LOBOS

Segunda-feira, 19 de novembro de 2007

Tributo a Villa-Lobos

Em 17 de novembro de 1959, o célebre compositor Heitor Villa-Lobos voltou à Pátria Espiritual. Autor de cerca de 1.000 composições, é considerado o maior expoente da reformulação do conceito do nacionalismo musical brasileiro.

Ainda menino, fascinou-se pela obra do compositor alemão Johann Sebastian Bach (1685-1750). Serviu-lhe isso de fonte de inspiração para criar, anos mais tarde, as extraordinárias *Bachianas Brasileiras*. Entre outras importantes peças melódicas de Villa-Lobos temos: *O Uirapuru, O Canto do Cisne Negro, A Prole do Bebê* e os *Choros*, para os quais foi buscar inspiração entre os compositores boêmios do Rio de Janeiro.

Bach

Arquivo BV

No centenário de seu nascimento, comemorado em 5 de março de 1987, prestei, na minha antiga coluna na

O belo casal Arminda e Heitor Villa-Lobos. Em 1960, ano seguinte à morte do músico, a querida Mindinha, como também era conhecida, fundou o Museu Villa-Lobos (zona sul da capital fluminense), o qual dirigiu por 25 anos.

Folha de S.Paulo, um justo tributo a esse ícone da brasilidade musical, demonstrando, do mesmo modo, os fraternos laços que unem Villa-Lobos à LBV, do qual separei este trecho:

Recordo-me dele com saudade. Também de Dona Mindinha, sua querida esposa, na Pátria Espiritual desde 1985. Era muito amiga nossa. Conhecia profundamente a LBV. Revelou certa vez que, com o saudoso Villa, escutava *Jesus Está Chamando!*, famoso programa de Alziro Zarur (1914-1979), que tanta polêmica ergueu no Brasil. Mas criou um caminho democrático para todos os pregadores. Zarur foi pioneiro na luta pela liberdade religiosa em nosso país. O povo que faça a sua escolha devocional. Em entrevista a um periódico do Rio, contou Dona Mindinha: *"(...) Comecei a ouvir Zarur quando ele estava na Rádio Mundial. O próprio Villa, muitas vezes, o ouvia falar. (...) Se fosse vivo, certamente poderia expressar-se melhor, com prazer maior e mais ênfase. Porque meu marido também se prendeu ao programa de Zarur".* (...) Em 1984, vigésimo quinto aniversário do seu falecimento, a Mocidade Legionária escreveu:

"(...) Villa-Lobos dirigiu orquestras na França, Alemanha, Itália, Estados Unidos... Recebeu inúmeras honrarias. (...) Fundou, em 1945, a Academia Brasileira de Música. (...) O governo brasileiro criou, em 1960, no Ministério da Educação e Cultura, o Museu Villa-Lobos. (...) Seu vanguardismo pode ser definido por esta sua frase: 'Escrevo música como se fossem cartas para a posteridade, sem esperar resposta'".

Meus sinceros agradecimentos ao Espírito imortal do brilhante Villa-Lobos por ter-me inspirado, em 1999, o Oratório *O Mistério de Deus Revelado.*

Porto da Cultura

Estive, no feriado de 2 de novembro, na 53ª Feira do Livro de Porto Alegre. Na ocasião, visitei os estúdios da

Super Rede Boa Vontade de Rádio, AM 1300, e da Boa Vontade TV, ali instalados para a cobertura do grandioso acontecimento cultural na Praça da Alfândega, ao lado da Brigada Militar.

Várias personalidades estiveram no estande da Super RBV para destacar a contribuição das Instituições da Boa Vontade ao engrandecimento da cultura.

Para o renomado professor Antonio Hohlfeldt, patrono do evento, *"é uma felicidade notar como a Feira do Livro de Porto Alegre cresceu. Ela consegue englobar não somente editoras e livrarias, mas igualmente instituições que trabalham, com o livro, em ações variadas dentro das perspectivas sociais, como é o caso da Legião da Boa Vontade. Quero de público agradecer a presença do Paiva Netto aqui conosco. Lerei com carinho o lançamento de sua obra nesta Feira.* Ao Coração de Deus — Coletânea Ecumênica de Orações *é um tipo de livro bom de a gente ter para ler um pouquinho a cada dia. A pessoa chega cansada em casa, está meio baixo-astral... abre uma página, lê com calma e se fortalece. Não é um livro para você ler de uma só vez, guardar e depois esquecer, mas ler diariamente".* Opinião compartilhada pelo professor Paulo Flávio Ledur: *"Este belo livro vou 'degustar' em pílulas, um pouco todos os dias, de preferência antes do descanso".*

Lucian Fagundes

Antonio Hohlfeldt

Elisa Rodrigues

Paulo Ledur

Não poderia deixar de citar os momentos agradáveis que passei na companhia simpática do presidente da Câmara Rio-Grandense do Livro, dr. Waldir da Silveira, e do jornalista Leo Meira. Quem visitou também o nosso estande foi o ex-governador Olívio Dutra.

Waldir da Silveira
Liliane Cardoso

Leo Meira
Michel Paz

Quero registrar, ainda, a honrosa dedicatória que recebi do senador Paulo Paim, no lançamento de sua obra *Pátria Somos Todos*. Na oportunidade, deixou depoimento sobre nossa atuação socioeducacional em Glorinha/RS: *"Eu estive lá e vi! De fato, um trabalho belíssimo com as crianças. Tomara que este exemplo positivo, educador e social — e, por que não dizer, de liberdade, pois o saber é que nos assegura a liberdade — da plenitude da LBV seja copiado"*.

Olívio Dutra
Lucian Fagundes

Paulo Paim
Divulgação

Caminho ecumênico saudável

Roquette Pinto
Arquivo BV

Zarur enfatizava sempre, na mídia, a máxima do precursor da radiodifusão nacional, o médico, antropólogo, poeta e professor Roquette Pinto (1884-1954), lema para a emissora que, no Rio de Janeiro, ele fundou e leva o seu nome: *"Para a cultura dos que vivem em nossa terra, pelo progresso do Brasil"*.

A cultura é, sem dúvida, o caminho ecumênico saudável para o crescimento da sociedade.

A cultura é, sem dúvida, o caminho ecumênico saudável para o crescimento da sociedade.

ATEUS TAMBÉM VÃO PARA O CÉU

Segunda-feira, 3 de dezembro de 2007

Ateus também vão para o Céu

Ninguém, inclusive os ateus, nossos irmãos, deve menoscabar ou recear o Apocalipse de Jesus, desde que seja correto, solidário no Bem para com seus semelhantes de todas as crenças e descrenças da Terra. Convém, sim, preparar-se para o que pode acontecer. Aliás, já anda ocorrendo.

Por que solidário no Bem?! Ora, você queria que fosse no quê?! No mal?! Como?! Aí seria por efeito de quadrilha. Simples caso de polícia.

Victor Hugo

Arquivo BV

É essencial, portanto, que alguns dos que acreditam em Deus sejam um pouco mais piedosos. *"Sem Fraternidade não pode haver Paz"*, concluiu Victor Hugo (1802-1885).

Há até mesmo os chamados incréus que, chegando ao Plano Espiritual, após a morte física, levam vantagem so-

Arquivo BV

Mateus

bre gente que diz crer no Pai, mas não o demonstra, pois prefere ignorar o sofrimento alheio (Evangelho, segundo Mateus, 25:31 a 46). Muitos dos considerados descrentes praticam boas ações, movidos por amor desinteressado, sem esperar troco divino. Criam o céu dentro de si, em vez de cobiçá-lo como um regalo futuro à custa do que realizam, ou pensam fazer, em prol da sociedade.

Afinal, este não deixa de ser um tipo de mercenarismo:

— Ó Deus! Serei bom se me deres o céu... Se não, não!

Não basta afirmar que acreditamos no Ser Supremo. É necessário que, por nossos atos de cordialidade eficaz, o comprovemos. É base da Sociedade Solidária.

Evidentemente, não estou induzindo ninguém ao ateísmo nem censurando religiosos que têm o Amor como bandeira. O que proponho é que, juntos, sem exceção, procuremos cada vez mais ser co-partícipes no Bem. Isto é Ecumenismo: dar as mãos e socorrer os carentes, do corpo e da Alma.

Arquivo BV

Teresa d'Ávila

Bem a propósito, trago um dos mais belos sonetos da literatura sacra de todos os tempos, nascido do coração fervoroso de Santa Teresa d'Ávila (1515-1582), que amava Jesus, sem ambição de céu ou temor de inferno:

Ao Cristo Crucificado

Versão — Fernando Rocha (1933-2001)

Fernando Rocha

Não me comove, meu Deus, para amar-Te/ o céu que Tu me tens prometido;/ não me comove o inferno tão temido,/ para deixar por isso de ofender-Te.

Tu me comoves, Senhor; comove-me o ver-Te/ cravado numa cruz e escarnecido;/ comove-me ver Teu corpo tão ferido;/ comove-me Teu sofrimento e Tua morte.

Comove-me, enfim, Teu Amor, de tal maneira,/ que, embora não houvesse céu, Te amaria,/ e, se não houvesse inferno, a Ti temeria.

Nada tens de me dar porque Te queira,/ pois, ainda que tanto espere, não mereça,/ o mesmo que Te quero, Te quereria.

Vivinhos!

Por que o espanto?! O Pai Celestial, que não deve ser compreendido na forma antropomórfica, deseja ver frutificar na Terra a bondade. Se não eram maus, se foram dignos e honestos, por que anatematizá-los por questões de crença? Embora ateus (ou mesmo adeptos de outra fé), quantos e quantos acordarão do Outro Lado fortemente surpreendidos! Porém, vivinhos! Entretanto, aqueles que, com Fraternidade, não se preocuparam em elucidá-los, já que pouco ou nada adianta cultivar religiosidade com arrogância, terão de prestar contas ao Senhor da Vida. Porque muito de esclarecimento lhes foi concedido para amigavelmente distribuir não apenas por palavras que o vento leva, mas pelas ações exemplares, merecedoras de respeito, posto que moralmente confortam, erguem, encaminham, e também alimentam, vestem, medicam. Mais um fator a ser destacado: ninguém é obrigado a se converter ao que quer que seja. Vivamos realmente a democracia religiosa, como veros cidadãos.

Atentemos, pois, para a advertência de Jesus, no Evangelho, segundo Lucas, 12:42 a 44, quando nos convoca a portarmo-nos *"como o mordomo fiel e prudente, a quem o Senhor confiará os Seus conservos para dar-lhes sustento a seu tempo"*. Em *Apocalipse sem medo*, no capítulo "A Profecia continua válida", abordo mais vezes o assunto.

Arquivo BV

Lucas

Programação natalina

Por falar em atos concretos de Solidariedade, neste mês de dezembro, extensa programação natalina está sendo desenvolvida pelas Instituições da Boa Vontade em todo o Brasil. Aqui no Rio Grande do Sul não poderia ser diferente. Em meio a várias atividades, teremos no dia 7/12, em Glorinha, a abertura do III Natal Luz do Lar e Parque

Alziro Zarur com o acendimento de miríades de lâmpadas, simbolizando os 58 anos de labuta da LBV "por um Brasil melhor e uma Humanidade mais feliz". O local ficará aberto à visitação noturna, com ônibus disponível para a comunidade, saindo do centro de Glorinha até o dia 14, quando acontece, às 21 horas, uma ceia natalina que reunirá colaboradores, autoridades, crianças amparadas e parceiros da Instituição. O evento contará, ainda, com apresentações artísticas e culturais. Outras informações podem ser obtidas pelo telefone (51) 3487-1033. E não pára por aí. No dia 17, ocorrerá, no Natal Luz, em Gramado, um concerto natalino do Coral Jovem Ecumênico LBV. Para encerrar em grande estilo, no dia seguinte, promoveremos em Porto Alegre a entrega das cestas de Natal — com a presença de cantores, poetas e *payadores* da cultura gaúcha — à população atendida pelos nossos programas socioeducacionais.

> *"Sem Fraternidade não pode haver Paz."*
>
> Victor Hugo

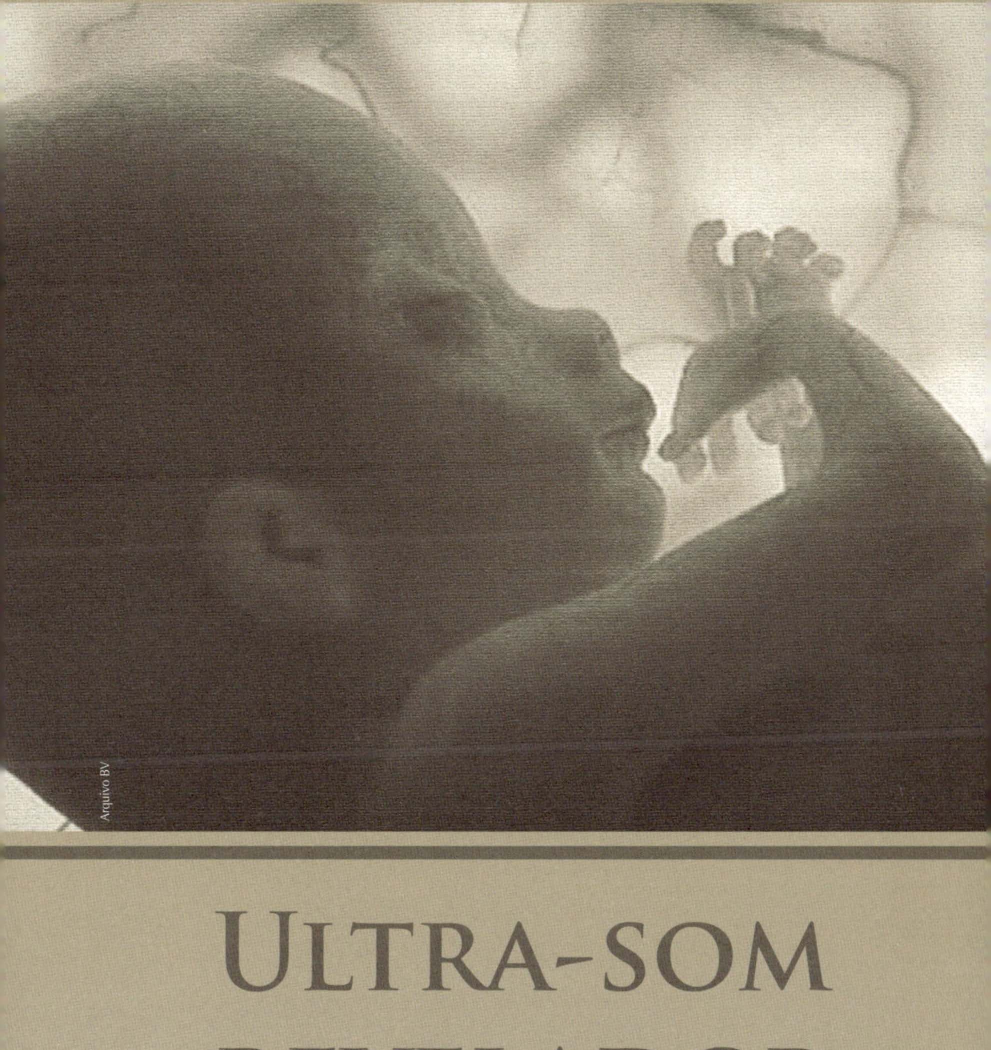

ULTRA-SOM REVELADOR DE VIDA

Segunda-feira, 18 de dezembro de 2007

Ultra-som revelador de Vida

Vivemos a ambiência natalina. Não pensem que eu seja contra a alegria das crianças na expectativa do presente e do bom faturamento das lojas, pois os empregados precisam sustentar suas famílias. Entretanto, Jesus é supinamente superior a Papai Noel. O Natal lembra vida em abundância e o instintivo respeito a ela. A *Folha de S.Paulo* publicou uma pesquisa nacional do Instituto Datafolha, feita em 211 municípios, sobre um novo perfil da família brasileira. Uma das reportagens, assinada por Luís Fernando Viana, informa que de 1998 até agora a rejeição ao aborto cresceu dez pontos percentuais. Alegam os estudiosos que a popularização da ultra-sonografia contribuiu para o quadro atual. Graças a Deus!

De acordo com a antropóloga Maria Luiza Heilborn, coordenadora do Centro Latino-Americano em Sexualidade e Direitos Humanos e professora do Instituto de Medicina Social da Universidade do Estado do Rio de Janeiro, *"ao mostrarem uma imagem assemelhada à imagem humana, as recentes tecnologias de visualização do feto fizeram uma mudança muito grande no imaginário social. Uma coisa que era oculta passou a ser visível. (...) Quando pensam em abortar, é porque muitas mulheres não deram ao feto o* status *de pessoa. Após o exame, não estão esperando mais uma criança, mas a 'Verônica', o 'Francisco'"*.

Nota-se que nem é mais preciso excessiva verbalização em torno de uma postura ética para defender a sobrevivência de seres indefesos. Ironicamente, a tecnologia, vista como sem alma, alcança os corações.

Balde de metal

Respeito a opinião de todos, contudo, que essa consciência de preservação da vida aumente cada vez mais, de modo que não se repitam situações trágicas, similares à extraída do jornal *O Mensageiro*, reproduzido pela *Revista André Luiz* nº 7, em texto de Francisco Ferreira: *"Monsenhor L. B. Lyra, num artigo intitulado 'Contra a nefanda lei do aborto', narra o depoimento de uma enfermeira de determinado hospital inglês: 'Está diante de mim um ser pequeno e impotente, ligado ainda à mãe pelo cordão umbilical. Era um menino, de cor rósea, muito bem-formado. Estava ali e* ***gemia****, e quando o toquei, agitou as mãozinhas. Era uma cena que desafiava os instintos maternais de qualquer mulher, e eu, enfermeira,* *notei que se me revoltavam os sentimentos. Porém, aquele pequeno ser, ao invés de passar aos braços de sua mãe, para ser acariciado e amado, era atirado a um balde de metal, dando-se fim a uma vida que não teve tempo de começar'"*.

Não é possível conceber que uma mulher (ou um homem) não se comova perante um drama como esse. Mas, ao término de tudo, o espírito bom que existe no coração das mulheres erguerá o mundo de tanta insensatez. Elas liquidarão a cultura mórbida que turva o horizonte da Terra e se propaga até atitudes tais que, desde o efeito Arrhenius, vão, por exemplo, fomentando o aquecimento global. Os alertamentos, por tanto tempo desmentidos, o que não impediu a sua progressão, aí se encontram: em poucos anos, o Pólo Norte estará descongelado, inundando cidades litorâneas. *Abyssus Abyssum invocat*. Quem traz dentro de si mesma a capacidade de dar a vida não pode amar a morte.

Em *Mãezinha, deixe-me viver!* (1987), argumentei: Os que, por desconhecimento de certos fatores espirituais, infelizmente ainda defendem o aborto, alegando que a mulher é dona do seu corpo, esquecem-se de que, **pelo mesmo raciocínio, o corpo do bebê é do bebê...**

Encontro fraterno

Muito nos honrou a visita do deputado federal Beto Albuquerque ao Lar e Parque Alziro Zarur da LBV em Glorinha.

Beto Albuquerque e sua esposa, Daniela da Veiga Lima Miranda.

O parlamentar veio acompanhado da esposa, Daniela da Veiga Lima Miranda, da filha do casal e dos assessores Carlos Arthur e Ênio Moura Brochado. O grupo Impacto de Luz, composto por jovens da Instituição, e um coral formado por meninos e meninas da comunidade atendidos pelo programa *LBV — Criança: Futuro no Presente!*, além dos guris residentes no Templo da Natureza e da Criança, recepcionaram os visitantes. Após percorrer os ambientes da modelar unidade socioeducacional da LBV, o deputado concedeu entrevista à Super Rede Boa Vontade de Rádio, AM 1300, de Porto Alegre, expressando sua opinião sobre o que acabara de presenciar: *"Saio da Legião da Boa Vontade cada vez mais convencido de que a Solidariedade e a Fraternidade são coisas que podemos testemunhar e, acima de tudo, não apenas admirar, mas também seguir. A LBV faz um trabalho gigantesco, no Brasil todo, de apoio às crianças, muitas delas abandonadas. É um movimento importante de solidarizar a Fraternidade, de globalizar a Solidariedade e de construir homens e mulheres com dignidade no coração. O meu Estado se orgulha de ter a LBV aqui em Glorinha e em tantos lugares. Tantos Legionários têm procurado irmanar-se com as necessidades dos abandonados. É isso que precisamos fazer, cada um a seu modo. A Legião da Boa Vontade é um grande exemplo. Por isso, estou feliz de estar aqui"*, ressaltou.

Meus sinceros agradecimentos ao deputado Beto Albuquerque e à sua estimada família. A LBV nasceu para amar e ser amada.

> De 1998 até agora a rejeição ao aborto cresceu dez pontos percentuais. Alegam os estudiosos que a popularização da ultrassonografia contribuiu para o quadro atual. Graças a Deus!

Tesouro precioso

Segunda-feira, 31 de dezembro de 2007

Tesouro precioso

2007 vive suas derradeiras horas. E não há melhor oportunidade para desejar-lhes um próspero Ano-novo.

O Salvador dos povos passou pela Terra e, para trazer-nos a libertação espiritual, teve de pagar pesado tributo. Mas venceu. Venceu e deixou o ensinamento de que, ao látego da dor, surge a Luz.

O sofrimento não abate a Alma do Ser Humano integrado Nele, o Cristo Ecumênico. Pelo contrário, ergue o indivíduo ao seio compassivo do Seu Criador. Ali a pessoa se aquece, pois encontra o Lume inapagável da Celeste Caridade. E conhece, enfim, a verdadeira realização material e espiritual.

E vê! Vê, mesmo no plano das formas, além das estritas fronteiras do horizonte terrestre, que não mais pode amesquinhar suas visões do Mundo Infinito, em que impera a alegria inefável do Natal Permanente. E ela, a criatura, começa a distinguir de onde vem um poder que não se abastarda na promiscuidade dos lamaçais das corrupções humanas. E assim se vai libertando do mal.

Mais uma vez não morreu a esperança, porquanto Jesus de novo nasce, como a ressuscitar, todos os dias, nos corações dos que O amam.

Prece

E a Ele, Jesus, dirigimos esta súplica.

Glória Te damos, ó Sublime Redentor; porque, se ressuscitaste, como assim realmente ocorreu, o fizeste para que nos mantenhamos vivos no Teu Amor, na Tua Clemência, na Tua Compassividade, porém vivos, também, na Tua Justiça.

Cremos em Ti, e este é, finalmente, o verdadeiro tesouro que nos sustenta e nos acompanha pela Existência Eterna.

Sentimo-nos, sem vaidades, orgulhosos por ser Legionários da LBV, cristãos do Teu Novo Mandamento, colaboradores e voluntários da Boa Vontade Divina.

As lutas servem para em Ti nos fortalecer, ó Libertador Sagrado, que nos livras das injustiças do mundo.

Servir-Te, Jesus, é privilégio dos que já compreenderam a real destinação dos peregrinos das estradas terrenas.

Se as pedras ferem os pés desnudos, o coração e a mente aprendem a perseverar na trilha que, com infalibilidade, conduz o que persiste no momento de, redimido, beijar-Te as mãos e, como o fizeste há dois milênios aos Teus Apóstolos, lavar-Te os pés; pois igualmente Tu, Razão de nossas vidas, caminhaste, descendo até nós, enquanto, por Teu Amor, por Tua Misericórdia, subimos ao Teu encontro.

Eis mais um ato da Tua Generosidade Infinita.

Contigo desejamos permanecer, laboriosos, visto que não aprovas a ociosidade, aguardando o toque da trombeta de Josafá, isto é, o sinal da transição dos tempos. Gratos, Senhor, pela Fé que diviniza e com a qual nos revestiste, de modo que não precisemos esperar a morte para mais claramente ver-Te e filialmente servir-Te.

Somos Teus tutelados!

Que mais poderíamos ambicionar, conquanto és o Precioso Tesouro, aquele que o Ser Humano instintivamente busca, muita vez sem ao menos saber, em toda essa grandeza, defini-lo sequer? Amor Fraterno também é um nome Teu!

Glória a Ti, Jesus, ó Divino Ressuscitado, que nos tiraste, pelo Teu Indescritível Sacrifício, da orfandade para os braços do Pai Celeste.

Não mais vivemos perdidos nos chavascais da intolerância de todos os matizes. Aceita-nos, Senhor, como Teus humildes cireneus. Glória a Ti, portanto, Jesus, Bússola para a nossa acertada marcha. Dela, dessa Bússola que és Tu, jamais abriremos mão.

Que assim seja!

"Glória a Deus nas Alturas, Paz na Terra aos Homens, às Mulheres, aos Jovens, às Crianças e aos Espíritos da Boa Vontade de Deus!"

Vânia Besse

Ampla mobilização marcou a entrega das cestas de alimentos à população atendida pela LBV, nas cinco regiões do Brasil.

Quem confia em Jesus não perde o seu tempo!, porque Ele é o Grande Amigo que não abandona amigo no meio do caminho.

Amor com amor se paga

No último dia 18, em Porto Alegre, a Legião da Boa Vontade realizou a entrega de cestas de alimentos à popula-

Cristina Sorrentino, atriz; Borguetinho, gaiteiro e compositor de carreira internacional; Leo Meira, jornalista e padrinho da Campanha da LBV na Região Sul; Michel Paz, fotógrafo renomado; Valdir Delazari, da LT-Distribuidora; Gaúcho da Fronteira, cantor, compositor e apresentador de TV; Carlos Konrath, da Opus Produções; Grupo Tchê Garotos; Bibo Nunes, apresentador de TV; e Grupo Os Serranos.

ção atendida pelos programas socioeducacionais da LBV. A mídia gaúcha deu ampla divulgação ao evento, que contou com a presença do superintendente da Conab-RS, dr. Carlos Farias. Nossos agradecimentos ao jornal *O Sul* e à Rádio Pampa; ao programa *Pampa Meio-Dia* (TV); ao *Jornal do Comércio* e ao *Correio do Povo*; ao programa *Seis e Meia,* do canal 20 da NET; TV Bandeirantes; TV Câmara de Porto Alegre; programa *Norte em Ação*, do canal 6 da NET; ao *site Hagah* (do Grupo RBS), ao Zaffari Bourbon e LT-Distribuidora; ao MC Mobiliário Urbano; e às rádios Guaíba e Farroupilha.

Nossa gratidão aos artistas e personalidades gaúchos que se deixaram fotografar pelo talento do fotógrafo Michel Paz: jornalista Leo Meira (padrinho da Campanha *Natal Permanente da LBV — Jesus, o Pão Nosso de cada dia*), Cristina Sorrentino (cantora lírica), Grupos Tchê Garotos, Tchê Barbaridade e Os Serranos, Paulão (atleta), Volmir Martins (trovador e apresentador de TV), Deise Nunes (modelo), Rui Biriva (cantor e apresentador de TV), Bibo Nunes (apresentador de TV), Valdir Delazari (empresário da LT-Distribuidora), Borguetinho (gaiteiro e compositor), Carlos Konrath (Opus Produções) e o Gaúcho da Fronteira (cantor, compositor e apresentador de TV).

Colaboraram também com a LBV os seguintes artistas: Albeni Carmo de Oliveira (poeta e *payador* tradicionalista), os cantores tradicionalistas Paulo Costa, De Lima e Leninha e Luiz Kur, a cantora lírica Suelen Mater, o dançarino de boleadeira Edson Silva e os cantores nativistas Jorge Marino e Daniel Torres.

Glória a Ti, Jesus, ó Divino Ressuscitado, que nos tiraste, pelo Teu Indescritível Sacrifício, da orfandade para os braços do Pai Celeste.

Rui Biriva, cantor e apresentador de TV; Deise Nunes, modelo; Volmir Martins, trovador e apresentador de TV; Paulão, atleta; e Grupo Tchê Barbaridade.

PAI-NOSSO

A ORAÇÃO ECUMÊNICA DE JESUS

PAI-NOSSO

A ORAÇÃO ECUMÊNICA DE JESUS*
QUE SE ENCONTRA NO SEU EVANGELHO,
SEGUNDO MATEUS, 6:9 A 13.

Pai Nosso, que estais no Céu
(e em toda parte ao mesmo tempo),
santificado seja o Vosso Nome.
Venha a nós o Vosso Reino (de Justiça e de Verdade).
Seja feita a Vossa Vontade (jamais a nossa vontade)
assim na Terra como no Céu.
O pão nosso de cada dia dai-nos hoje
(o pão transubstancial, a comida que não perece,
o alimento para o Espírito; porque o pão para o corpo,
iremos consegui-lo com o suor do nosso rosto).
Perdoai as nossas dívidas,
assim como nós perdoarmos aos nossos devedores.

---

* **Nota do autor:** Qualquer um pode rezar o *Pai-Nosso.* Ele não se encontra adstrito a crença alguma, por ser uma oração universal, consoante o abrangente Espírito do Cristo. Qualquer pessoa, até mesmo atéia (por que não?!), pode proferir suas palavras sem sentir-se constrangida. É o filho que se dirige ao Pai, ou é o Ser Humano a dialogar com a sua elevada condição de criatura vivente. Trata-se da Prece Ecumênica por excelência.

Não nos deixeis cair em tentação,
mas livrai-nos do mal,
porque Vosso é o Reino,
e o Poder e a Glória para sempre.
Amém!

Arquivo BV

Bem-Aventuranças de Jesus no Evangelho e no Apocalipse

Bem-Aventuranças do Sermão da Montanha de Jesus

(Evangelho do Cristo, segundo Mateus, 5:1 a 12, da magnífica forma com que Alziro Zarur a proferia)

"Jesus, vendo a multidão, subiu ao monte.
Sentando-se, aproximaram-se Dele os Seus discípulos
e Jesus ensinava, dizendo":

Bem-aventurados os humildes,
porque deles é o Reino do Céu.
Bem-aventurados os que choram,
porque eles serão consolados pelo próprio Deus.
Bem-aventurados os pacientes,
porque eles herdarão a Terra.
Bem-aventurados os que têm fome e sede de Justiça,
porque eles terão o amparo da Justiça Divina.
Bem-aventurados os misericordiosos,
porque eles alcançarão misericórdia.
Bem-aventurados os limpos de coração,
porque eles verão Deus face a face.

Bem-aventurados os pacificadores,
porque eles serão chamados filhos de Deus.
Bem-aventurados os que são perseguidos por causa da
Verdade, porque deles é o Reino do Céu.
Bem-aventurados sois vós, quando vos perseguem,
quando vos injuriam e, mentindo,
fazem todo o mal contra vós por minha causa.
Exultai e alegrai-vos,
porque é grande o vosso galardão no Céu.
Porque assim foram perseguidos os Profetas
que vieram antes de vós.

As Sete Bem-Aventuranças do Apocalipse*

Não somente o Evangelho de Jesus registra Bem-Aventuranças, como as do Sermão da Montanha. Os estudiosos do Apocalipse também as encontram em suas páginas iniciáticas e visíveis aos que têm olhos de ver e ouvidos de ouvir.

Primeira

— Bem-Aventurados aqueles que lêem e aqueles que ouvem as palavras da profecia deste Livro e guardam as coisas nele escritas, pois o Tempo está próximo (1:3).

Segunda

— Então ouvi uma voz do céu, que me dizia: Escreve: Bem-Aventurados os mortos que desde agora morrem no Senhor. Doravante, diz o Espírito, que descansem das suas fadigas, pois as suas obras os acompanham (14:13).

Terceira

— Eis que venho como vem o ladrão. Bem-Aventurado aquele que vigia e guarda as suas vestiduras, para não andar nu, e não se veja a sua vergonha (16:15).

Quarta

— Então me falou o Anjo: Escreve: Bem-Aventurados aqueles que são chamados à ceia das bodas do Cordeiro. E acrescentou: São estas as verdadeiras palavras de Deus (19:9).

Quinta

— Bem-Aventurados e santos aqueles que têm parte na primeira ressurreição. Sobre esses a segunda morte não tem autoridade, pelo contrário, serão sacerdotes de Deus e de Cristo Jesus, e reinarão com Ele os mil anos (20:6).

Sexta

— Eis que venho sem demora. Bem-Aventurado aquele que guarda as palavras da profecia deste Livro (22:7).

Sétima

— Bem-Aventurados aqueles que lavam as suas vestiduras no sangue do Cordeiro, para que lhes assista o direito à Árvore da Vida Eterna, e entrem na cidade pelas portas (22:14).

---

* **As Sete Bem-Aventuranças do Apocalipse** — A íntegra do documento de Paiva Netto sobre este tema pode ser lida em seu livro *As Profecias sem Mistério*, outro volume da série O Apocalipse de Jesus para os Simples de Coração, que, com as obras *Somos todos Profetas* e *Apocalipse sem medo*, já vendeu quase um milhão e meio de exemplares. Adquira já a coleção pelo 0800 77 07940 ou, se preferir, acesse o *site* www.elevacao.com.br.

ÍNDICE DE NOMES

(Os números que estiverem em negrito indicam fotos ou gravuras)

ÍNDICE DE CAPÍTULOS POR ORDEM ALFABÉTICA

Biografia

José de Paiva Netto, escritor, jornalista, radialista, compositor e poeta, nasceu em 2 de março de 1941, no Rio de Janeiro/RJ, Brasil. É Diretor-Presidente da Legião da Boa Vontade (LBV), membro efetivo da Associação Brasileira de Imprensa (ABI), da Associação Brasileira de Imprensa Internacional (ABI Inter), da Federação Nacional dos Jornalistas (Fenaj), da International Federation of Journalists (IJF), da Academia de Letras do Brasil Central, do Sindicato dos Jornalistas Profissionais do Estado do Rio de Janeiro, do Sindicato dos Escritores do Rio de Janeiro, do Sindicato dos Radialistas do Rio de Janeiro e da União Brasileira de Compositores (UBC).

Entre as inúmeras homenagens recebidas, foi agraciado com a Medalha do I Centenário da Academia Brasileira de Letras (ABL), nomeado Comendador da Ordem do Rio Branco, pelo Ministério das Relações Exteriores, e condecorado com o Grau de Comendador, pelo Conselho da Ordem do Mérito Aeronáutico, e com a Medalha do Pacificador, pelo Ministério do Exército brasileiro.

A sua infância e juventude foram marcadas por uma preocupação incomum com temas espirituais, filosóficos, educativos, sociais, políticos, científicos e econômicos, e por um profundo senso de auxílio aos necessitados.

Estudou no tradicional Colégio Pedro II, na capital fluminense, do qual recebeu o título de Aluno Eminente, sendo homenageado com placa de bronze na sede desse conceituado Colégio-Padrão. Em 1956, ainda jovem, iniciou sua jornada vitoriosa ao lado do saudoso Fundador da Instituição, o pensador, jornalista, radialista, escritor, poeta e ativista social brasileiro Alziro Zarur (1914-1979). Foi um de seus principais assessores durante quase um quarto de século. Para se dedicar totalmente à LBV, abandonou sua vocação para a Medicina e para a Música. Mais tarde, tornou-se Secretário-Geral da Legião da Boa Vontade (cargo equivalente ao de Vice-Presidente) e, com o falecimento de Zarur, sucedeu-o.

Compositor e produtor musical, foi aluno do professor Homero Dornelas (1901-1990), assessor do notável Villa-Lobos (1887-1959). Elaborou a *Marcha dos Soldadinhos de Deus*, cantada pela primeira vez em 21/4/1960, pelas crianças amparadas pelo Instituto São Judas Tadeu, no Rio, onde colaborava como voluntário. A apresentação foi uma homenagem a Brasília, que o Presidente Juscelino Kubitschek (1902-1976) inaugurava naquela data.

Entre as múltiplas atividades que desenvolvia, foi sonoplasta dos programas de Zarur, o que acentuou ainda mais seu ouvido musical. Não obstante a extrema dedicação à causa da Boa Vontade, sua ligação com a música não se perderia.

Seu primeiro sucesso, um tributo ao povo baiano, com o disco *Negrada — Jesus, o Grande Libertador!* (1º/4/1983 — Salvador/BA), vendeu 100 mil cópias, conquista inédita no gênero erudito. A obra ganhou os palcos do Theatro Municipal do Rio de Janeiro, também em abril de 1983, sob a regência do conceituado maestro Isaac Karabtchevsky.

A estréia de *Negrada — Jesus, o Grande Libertador!* teve o arranjo do professor Darcy Augusto Malheiros e, para o concerto com a Orquestra Sinfônica Brasileira (OSB), a orquestração foi do maestro Osman Giuseppe Gióia. Depois, na Bulgária, Europa, foi gravada com orquestração de Alexander Yossifov e a regência do maestro Ricardo Averbach, discípulo destacado do ilustre Vladi Simeonov.

A partir da década de 1980, suas composições foram apresentadas em Florianópolis/SC, Salvador/BA, Rio de Janeiro/RJ, Curitiba/PR, Belo Horizonte/MG, Brasília/DF, São Paulo/SP, Porto Alegre e Nova Petrópolis/RS, entre outras cidades, em que o repertório contou também com diversas produções dele, dedicadas a Maria Santíssima, com as quais homenageia o Brasil e vários de seus Estados. Destaque para os concertos realizados no ano de 2000, pioneiros em caráter beneficente na Bulgária, produzidos pelo maestro José Eduardo de Paiva e regidos por Bedros Papazian.

Ressalta-se a sua parceria com o maestro Almeida Prado, com o qual escreveu a *Sinfonia Apocalipse* (1987), cuja primeira audição mundial deu-se a 21/10/1989, com a Orquestra Sinfônica do Teatro Nacional Claudio Santoro, em Brasília, capital brasileira, durante a inauguração do Templo da Boa Vontade (1989), para cerca de 50 mil pessoas, que teve a regência de Achille

Picchi; e, ainda, a *Suíte Aquarius — A Dança dos Mundos*, orquestração do compositor búlgaro Alexander Yossifov. Gravadas nas terras de Pancho Vladiguerov, a primeira pelo Coro e Orquestra da Rádio Nacional da Bulgária, e a segunda pela Sofia Chamber Players Orchestra. A *Sinfonia Apocalipse* foi apresentada, em 2000, na Sede da ONU (Organização das Nações Unidas), pelo Coral Ecumênico LBV. Foi considerada por Glenn Waltkins, crítico de música clássica norte-americano, como uma das dez obras-primas melódicas do século 20.

Outra peça de grande vulto é o Oratório *O Mistério de Deus Revelado*, escrita em Portugal, no Rio de Janeiro e no Rio Grande do Sul (1998), Brasil, sob a inspiração do genial Villa-Lobos. Gravada pelo coro Capela Svetoslav Obretenov, da Bulgária, a obra superou a marca de 500 mil cópias vendidas, conquistando um disco de platina duplo. Em 9/4/2006, o Oratório teve sua primeira audição mundial em inglês na Convent Avenue Baptist Church, em Nova York, EUA, no Concerto da Semana Santa, sob a regência do maestro e pastor Gregory Hopkins e com a participação do The Sanctuary Choir, composto de afro-americanos.

Em 20/6/2006, nove dias antes de completar 50 anos de trabalho na LBV, foi homenageado pela direção do centenário Theatro São Pedro, de Porto Alegre, na pessoa da ilustre empresária cultural Eva Sopher, com a *Noite Cultural Emoções e Memórias*, evento que ficou para a história da Casa. As melodias dele foram apresentadas pela Orquestra de Câmara do Theatro São Pedro e pelo Coral Ecumênico LBV, sob a regência do maestro Antônio Carlos Borges Cunha. Nova Petrópolis foi outra cidade gaúcha que, em 2006, também executou obras do autor.

Ao longo dos anos, os trabalhos dele receberam comentários de maestros, compositores e críticos musicais de renome, como Dorival Caymmi, Ricardo Cravo Albin, Francisco Mignone (1897-1986), Ricardo Averbach, José do Espírito Santo (1927-2005), Hélio Rosa e Alexander Yossifov (com quem escreveu um concerto para piano e orquestra). A obra fonográfica de Paiva Netto vendeu milhões de cópias.

À frente da Legião da Boa Vontade desde 1979, tendo multiplicado os programas de Promoção Humana, Social e Educacional da Instituição, com suas escolas-modelo, as quais servem para um projeto ainda maior, ao qual ele se tem dedicado há bastante tempo: a Pedagogia do Cidadão Ecumênico (PCE), a Pedagogia do Afeto. Trata-se de linha educacional de vanguarda, cuja metodologia é aplicada com sucesso nos programas e projetos socioeducacionais desenvolvidos pela Legião da Boa Vontade do Brasil e do exterior, por meio de escolas; lares para crianças, jovens e Terceira Idade; Centros Comunitários e Educacionais; e pólos esportivos e culturais. Fundamenta-se nos valores nascidos do Amor Universal, dispondo o indivíduo para viver a Cidadania Ecumênica, firmada no exercício pleno da Solidariedade Planetária, acima de crenças, descrenças, tradições, etnias ou qualquer outro fator de desagregação do Ser Humano. Tem como bandeira o Novo Mandamento de Jesus, o Cristo Ecumênico: *"Amai-vos como Eu vos amei. Somente assim podereis ser reconhecidos como meus discípulos. Não há maior Amor do que doar a própria Vida pelos seus amigos"* (Evangelho, segundo João, 13:34 e 35 e 15:13).

A permanente preocupação do dirigente da LBV de propiciar às camadas sofridas da sociedade acesso a uma Educação que prime por aliar a instrução à Espiritualidade Ecumênica é, no dizer do Professor Arnaldo Niskier, ex-Presidente da Academia Brasileira de Letras (ABL), *"um esforço notável. Paiva Netto está trazendo uma metodologia escolar inédita, que precisa de professores especializados que não estão disponíveis na praça e, portanto, terão de ser preparados dentro de uma sistemática original e revolucionária do ponto de vista pedagógico"*.

A fama de tal empreendimento levou o saudoso jornalista Ibrahim Sued (1929-1995) a escolher Paiva Netto para uma entrevista sobre os rumos da Educação, tendo sido a última grande reportagem da longa e vitoriosa carreira de Ibrahim, considerado o pioneiro do colunismo social do Brasil, por ter entrevistado poucas e seletas personalidades, entre as quais o Presidente norte-americano John Kennedy (1917-1963), o Papa Paulo VI (1897-1978) e, na inauguração da cidade de Brasília, capital brasileira, o Presidente Juscelino Kubitschek. A Pedagogia do Cidadão Ecumênico também recebeu elogiosos comentários de personalidades do mundo inteiro, presentes à Reunião do Alto Segmento do Ecosoc, ocorrido na sede das Nações Unidas em Genebra (Suíça), em julho de 2007. Na ocasião, manifestou a Diretora do Departamento de Erradicação da Pobreza do Ministério do Planejamento Econômico e Empoderamento da República da Tanzânia, Anna Mwasha:

"A LBV está fazendo um trabalho maravilhoso, principalmente garantindo que as crianças recebam uma Educação com qualidade e valores. São valores diferenciados, que desenvolvem seu cérebro e coração. No futuro, essas crianças farão toda a diferença na sociedade, mudando-a completamente, fazendo a Paz predominar por toda parte. Isso me deixou muito emocionada. Nos países mais desenvolvidos, fala-se muito em melhorar a qualidade da Educação, mas entendo que ***a Legião da Boa Vontade luta, principalmente, por formar o caráter das crianças com valores como o Amor e fazer com que elas se tornem calmas, conscientes. Uma Educação firmada nesses valores pode mudar completamente uma sociedade, fazer as pessoas viver em Paz, e, dessa forma, melhorar o mundo inteiro. Daí o símbolo da LBV, com o coração azul. Essa logomarca significa muito, pois quer dizer Amor, é um símbolo global. E se alguém tem Amor, sabemos que a Paz estará lá; que o desenvolvimento estará lá; por essas pequenas coisas é que você poderá espiritualmente — e até academicamente — compartilhar com os outros. Então, com os poucos recursos que uma pessoa possa ter, se lá estiver o Amor, é possível compartilhar e levar o desenvolvimento para muitos*".**

É um trabalho que não tem fronteiras e empolga outras nações. Atualmente, essa iniciativa solidária é desenvolvida pela Legião da Boa Vontade da Argentina, do Paraguai, do

Uruguai, da Bolívia, de Portugal e dos Estados Unidos, além de diversas outras regiões do mundo.

A LBV foi a primeira organização do Terceiro Setor do Brasil a associar-se ao Departamento de Informação Pública das Nações Unidas (DPI), a partir de 1994. Em 1999, tornou-se também a primeira associação civil brasileira a conquistar na ONU o *status* consultivo geral no Conselho Econômico e Social (Ecosoc). E, em 2000, passou a integrar a Conferência das ONGs com Relações Consultivas para as Nações Unidas (Congo), em Viena, na Áustria. Por sinal, no Ecosoc tem participado ativamente das principais reuniões do órgão, contribuindo com importantes documentos e publicações, editados em diversos idiomas e entregues a chefes de Estado, conselheiros ministeriais e representantes da sociedade civil. Entre esses materiais, destaque para as revistas *Sociedade Solidária*, *Paz para o Milênio* e *Globalização do Amor Fraterno*. Esta última, encaminhada para a reunião do *High-Level Segment 2007*, realizada no Palais des Nations, escritório central da ONU em Genebra (Suíça), foi recebida com muito entusiasmo pelo Secretário-Geral das Nações Unidas, Ban Ki-moon, quando da sua visita ao estande da LBV no evento. O Secretário referendou seu apoio à LBV ao assinar a capa da revista e ratificou seus votos de muito sucesso para todas as ações empreendidas pela Legião da Boa Vontade. Além do papel de mobilizar a sociedade civil em torno dos oito Objetivos do Milênio, a LBV atua, na sede da ONU, em Nova York, como vice-presidente do Comitê de ONGs sobre Espiritualidade, Valores e Interesses Globais.

Em 1989, Paiva Netto inaugurou, em Brasília/DF, capital do Brasil, o Templo da Boa Vontade (TBV), com a presença de mais de 50 mil participantes. O TBV é o pólo do Ecumenismo Irrestrito, que preconiza a conciliação de todas as criaturas e povos da Terra, e do Ecumenismo Total, que proclama a urgente necessidade da comunhão entre a Humanidade da Terra e a Humanidade do Céu. Por isso, é conhecido também como o Templo dos Espíritos Luminosos ou das Almas Benditas, pois, afinal, **os mortos não morrem**. O TBV é admirado também pela arquitetura arrojada, que reflete sua Espiritualidade universalista, e é considerado a maior construção em forma de pirâmide do século 20 pelo tradicional *Diário de Notícias*, de Lisboa, Portugal. Por iniciativa de Paiva Netto, foi inaugurado, em 1994, ao lado do Templo da Paz, com a participação de mais de 100 mil pessoas, o Parlamento Mundial da Fraternidade Ecumênica, o ParlaMundi da LBV, obra que integra o conjunto arquitetônico campeão em número de visitantes (na Quadra 915 Sul), segundo a Secretaria de Desenvolvimento Econômico e Turismo do Distrito Federal (SDET), recebendo em seus 18 anos de inauguração mais de 17 milhões de peregrinos e turistas.

Próximo da inauguração do TBV, o ex-Presidente dos Estados Unidos e Prêmio Nobel da Paz Jimmy Carter e a então Primeira-Ministra da Inglaterra, Margaret Thatcher, manifestaram a sua admiração pela empreitada.

Por ensejo da inauguração do ParlaMundi, Madre Teresa de Calcutá (1910-1997), Prêmio Nobel da Paz em 1979, felicitou o dirigente da LBV pela iniciativa: *"Prezado sr. José de Paiva Netto, confio-lhe as minhas preces por todos. Que as bênçãos de Deus estejam com vocês da Legião da Boa Vontade, e que muitas pessoas conheçam o Amor de Jesus através do Parlamento Mundial da Fraternidade Ecumênica e mantenham viva a Boa Nova de Seu Amor no mundo, amando uns aos outros como Ele nos amou. Que Deus os abençoe"*.

Outros destacados chefes de Estado, a exemplo do ex-presidente de Cuba, Fidel Castro, além de personalidades agraciadas com o Prêmio Nobel da Paz enalteceram a causa defendida por Paiva Netto, por exemplo, o Arcebispo anglicano Desmond Tutu; o escritor argentino Adolfo Pérez Esquivel; o Presidente do Timor Leste, Dr. José Ramos Horta; a Ativista Internacional dos Direitos Humanos Sra. Shirin Ebade; e Yasser Arafat (1929-2004), ex-Presidente da Autoridade Palestina.

Para homenagear as personalidades que se distinguem em suas áreas de atuação em prol da difusão da Paz e da Solidariedade no Brasil e no mundo, Paiva Netto instituiu a Comenda da Ordem do Mérito da Fraternidade Ecumênica, prêmio que, desde 1996, é entregue anualmente no ParlaMundi. Entre os que já receberam a Comenda da LBV destacam-se os estadistas Mário Soares (ex-Presidente e ex-Primeiro-Ministro de Portugal) e Nelson Mandela (Prêmio Nobel da Paz em 1993 e primeiro Presidente negro da África do Sul, de 1994 a 1999); o Dalai-Lama Tenzin Gyatso (líder tibetano e Prêmio Nobel da Paz em 1989); o ex-Secretário-Geral da ONU Kofi Annan; o "Atleta do Século", Pelé; Francisco Cândido

Xavier, médium espírita (1910-2002); Dom Hélder Câmara (1909-1999), ex-Arcebispo de Olinda e Recife; além de outros grandes nomes de diversos ramos das sociedades brasileira e mundial, também homenageados pela sessão especial da Ordem do Mérito da Fraternidade Ecumênica, entregue nos Estados Unidos, por ocasião do Brazilian Day in New York. Realizado anualmente no coração de Manhattan, para celebrar a Independência do Brasil, o festival recebe todo ano mais de um milhão de pessoas, firmando-se como uma das mais populares festas da *Big Apple*.

O líder da LBV criou ainda, em 2000, o Fórum Mundial Espírito e Ciência, da LBV, que se tornou o maior movimento mundial do gênero na formação de novos paradigmas do pensamento humano, fundamentados na convergência e no intercâmbio entre o conhecimento científico e as diversas tradições religiosas, havendo dele já participado nomes como o do astronauta norte-americano Edgar Mitchell, membro da tripulação da Apollo 14, quinto homem a pisar a superfície lunar; de Alexander Lazutkin, cosmonauta russo que fez parte da tripulação da Missão MIR-23; dos físicos quânticos e escritores Amit Goswami (Estados Unidos), Patrick Drouot (França), Waldyr Rodrigues (Brasil); do astrônomo brasileiro Ronaldo Rogério de Freitas Mourão; do psicólogo Pierre Weil; do lama tibetano Chagdud Tulku Rinpoche, além de outras importantes personalidades. O evento propõe mais do que um permanente debate teórico, estimulando a implementação de suas propostas no campo pragmático das realizações da sociedade. Fundou também a Academia Jesus, o Cristo Ecumênico, composta pelo Instituto de Estudo e Pesquisa da Ciência da Alma e Instituto de Estudo, Pesquisa e Vivência do Novo Mandamento de Jesus.

Para propagar todo esse ideal de Solidariedade, Paiva Netto criou a Super Rede Boa Vontade de Rádio (Super RBV), a Boa Vontade TV e a Rede Mundial de Televisão — a TV da Educação, da Cultura e da Cidadania Solidária Altruística com Espiritualidade Ecumênica! (RMTV).

Também é autor de vários *best-sellers*, com mais de 3,2 milhões de livros vendidos, tendo escrito para importantes jornais e revistas do mundo todo, por exemplo, o *Diário de Notícias*, *Jornal de Coimbra*, *Correio da Manhã*, *Jornal de Notícias*, *O Primeiro de Janeiro*, *Notícias de Gaia*, *Voz do Rio Tinto*, *Jornal da Maia* e *O Público* (Portugal); *Time South*, *Jeune Afrique* e *African News* (África); *Daily Post* (circulação internacional); *Clarín* (Argentina); *Jornada* (Bolívia); *El Diário Notícias* e *ABC Color* (Paraguai); *El Pais* (Uruguai); e para a *International Business and Management*, além de outros importantes veículos do Brasil e do exterior.

Sobre esse aspecto de sua personalidade, o escritor norte-americano Errol Lincoln Uys observou: *"Paiva Netto, sendo um homem prático, não deixa de ter alma de poeta"*. Segundo a definição do eminente professor, jurisconsulto e tratadista José Cretella Júnior, *"é um exímio estilista, sempre em dia com as novas"*. E, na opinião do mestre de professores Moacir C. Lopes, *"é um escritor de muito talento"*.

TEMPLO DA BOA VONTADE É ACLAMADO PELO POVO COMO UMA DAS SETE MARAVILHAS DE BRASÍLIA/DF

Aclamado pelo Povo como uma das Sete Maravilhas de Brasília/DF, Brasil, o Templo da Boa Vontade (TBV), desde que foi inaugurado por Paiva Netto, em 21/10/1989, já recebeu mais de 18 milhões de peregrinos e turistas. Segundo dados oficiais da Secretaria de Desenvolvimento Econômico e Turismo do Distrito Federal (SDET), é o monumento mais visitado da capital do País. Ao lado do ParlaMundi e de sua sede administrativa, o Templo da Paz forma o Conjunto Ecumênico da Legião da Boa Vontade. Visite: SGAS 915, lotes 75/76. Informações: (61) 3245-1070/www.tbv.com.br.

André Fernandes

Programação 24 horas

BOA VONTADE TV,
no canal 27 da SKY

Saiba se a sua cidade tem cobertura da
Boa Vontade TV pelo tel.: (11) 3358-6800
ou acesse www.boavontade.com

NET

CIDADES: AMAZONAS: Manaus; RIO DE JANEIRO: Angra dos Reis, Barra Mansa, Resende; SÃO PAULO: Americana, Araçatuba, Araraquara, Araras, Atibaia, Bragança Paulista, Caçapava, Caraguatatuba, Catanduva, Hortolândia, Itapetininga, Jacareí, Limeira, Mogi-Guaçu, Mogi-Mirim, Rio Claro, Santa Bárbara d'Oeste, São José dos Campos, Sumaré, Taubaté.

RBTI

Saiba como acessar nos Estados Unidos, México, Canadá e Portugal.
www.rbtinetwork.com
www.dishnetwork.com
www.tvtel.pt

SUPER REDE BOA VONTADE DE RÁDIO

24 horas no ar

AM 1230 kHz - São Paulo/SP
AM 940 kHz - Rio de Janeiro/RJ
AM 1300 kHz - Porto Alegre/RS
OC 25 m - 11.895 kHz - Porto Alegre/RS
OC 31 m - 9.550 kHz - Porto Alegre/RS
OC 49 m - 6.160 kHz - Porto Alegre/RS
AM 1210 kHz - Brasília/DF
FM 88,9 MHz - Santo Antonio do Descoberto/GO
AM 1350 kHz - Salvador/BA
AM 610 kHz - Manaus/AM
AM 550 kHz - Montes Claros/MG
AM 550 kHz - Sertãozinho, região de Ribeirão Preto/SP
AM 1210 kHz - Uberlândia/MG

Demais horários

AM 1270 kHz - Rádio Brasil, de Campinas/SP (2ª a 6ª, de 16 às 19h e sábado de 17 às 18h)
OT 63 m - 4.785 kHz - Campinas/SP (de 16 às 19h)
AM 1270 kHz - Curitiba/PR (diariamente, de 16 às 19h)
AM 1310 kHz - Rádio Atalaia, de Maringá/PR (2ª a sábado, de 16 às 19h)
AM 1210 kHz - Rádio Bandeirantes, de Araçatuba/SP (2ª a 6ª, de 16 às 19h)

Ouça a Super RBV pela Internet:
www.boavontade.com

Correspondência para o autor:
Rua Sérgio Tomás, 740 — Bom Retiro
São Paulo/SP — CEP 01131-010
***E-mail*: paivanetto@uol.com.br**

Escreva para a Editora Elevação:
Rua Doraci, 90 • Bom Retiro
CEP 01134-050 • São Paulo/SP
Tel.: (11) 3358-6875
Fax (11) 3358-6869
info@elevacao.com.br
www.elevacao.com.br

ELEVAÇÃO

Rua Doraci, 90 — Bom Retiro
São Paulo/SP — CEP 01134-050
Tel.: (11) 3358-6875 — Fax: (11) 3358-6869
info@elevacao.com.br
www.elevacao.com.br

Cadastro de mala-direta

Nome:______________________________
Endereço:__________________________
Bairro:_____________________________
CEP:_______________________________
Cidade:_______________________ UF:____
Tel.:_______________________________
*E-mail:*____________________________
Profissão:__________________________
Nascido em: _____/_____/_____
Sexo: ☐ M ☐ F

Você compra livros em:

☐ Livrarias ☐ Feiras
☐ Por telefone ☐ Reembolso postal
☐ Internet ☐ Outros:______________

____

Onde você comprou o livro *Em Pauta*?

____

____